チャレンジ 介護等体験

共生時代における障害理解のエッセンス

齋藤友介・坂野純子・松浦孝明・中嶋和夫●編

ナカニシヤ出版

はじめに

　1997（平成9）年6月，小学校・中学校の教員志望者に介護等体験を課す法律が成立しました。正式には「小学校及び中学校の教諭の普通免許状授与に係る教職員免許法の特例等に関する法律（平成9年法律第90号）」いわゆる「介護等体験特例法」です。この特例法は，従来からの教育実習に加え，小学校・中学校教諭の普通免許状取得希望者に，社会福祉施設等において，障害者や高齢者などに対する介護・介助，交流などの体験を義務づけています。義務教育に従事する教員が，個人の尊厳と社会連帯の理念に関する認識を深めることの重要性にかんがみ，また教員としての資質の向上を期す観点から，人の心の痛みのわかる人づくり，各人の価値観の相違を認められる心を持った人づくりの実現が期待されています。

　本書は，「介護等体験特例法」の趣旨を実現する現場とされている特殊教育諸学校や社会福祉施設について，その利用者の理解をも含めて，平易に解説することを主眼に編纂されました。具体的には，介護等が行われている現場での体験を通じ，ふだん接することの少ないさまざまな人たちの生き方・生活のありように気付くとともに，人とかかわり，人を援助する上で大切にすべき姿勢や視点が，体験に先立ち事前に学習できるよう，最新の膨大なデータや資料を基礎に，新進気鋭の障害児教育ならびに福祉関係者が中心となって共同でまとめ上げました。

　なお，草稿の段階から最終稿にいたる過程では，ナカニシヤ出版の宍倉由高編集長に多くの助言と協力をいただきました。この場を借りて，編者・著者一同，深く感謝申し上げる次第です。

2002年4月

編者を代表して
中嶋和夫

目　次

はじめに　*i*

第Ⅰ部　介護等体験の目指すもの……………………………………………1

第1章　介護等体験の概要……………………………………2
1．導入の経緯と概要　2
2．教員を目指す学生における介護等体験の意義　3
3．介護等体験の事前学習に求められるもの　3

第2章　障害の理解……………………………………5
1．障害とは何か　5
2．障害の構造的理解　6
3．リハビリテーションとは何か　7
4．障害を生み出す原因　8

第3章　障害者(児)の現況……………………………………9

第4章　障害者(児)をめぐる社会的動向……………………………………12
1．障害者観の変遷　12
2．ノーマライゼーションの台頭　12
3．世界の動向　13
4．わが国の動向　14

第5章　介護等体験に関するQ&A……………………………………16

第Ⅱ部　盲・聾・養護学校と障害児童・生徒の理解…………19

第1章　特殊教育の概要……………………………………20
1．わが国の特殊教育の経緯　20
2．特殊教育の目的　20
3．特殊教育の場　21
4．特殊教育における教育課程　24
5．特殊教育諸学校における教員資格　24

   6．21世紀の特殊教育が目指すもの　25

第2章　盲　学　校……………………………27
   1．視覚障害児の理解　27
   2．盲学校における教育の特徴　30
   3．有意義な体験を目指して　33

第3章　聾　学　校……………………………37
   1．聴覚障害児の理解　37
   2．聾学校における教育の特徴　40
   3．有意義な体験を目指して　42

第4章　知的障害養護学校……………………44
   1．知的障害児の理解　44
   2．知的障害児教育の特徴　46
   3．有意義な体験を目指して　48

第5章　肢体不自由養護学校…………………50
   1．肢体不自由児の理解　50
   2．肢体不自由養護学校における教育の特徴　52
   3．有意義な体験を目指して　55

第Ⅲ部　社会福祉施設と利用者の理解……………………59

第1章　社会福祉の現状と重点施策……………60
   1．高　齢　化　60
   2．少　子　化　61
   3．少子高齢化社会と施策　62
   4．介護保険制度　64
   5．ゴールドプラン　66
   6．少子化施策　68
   7．エンゼルプラン　68
   8．障害者施策　70
   9．障害者プラン　72

第2章　児童福祉関連施設………………………75
   1．児童養護施設の目的　75
   2．利用者の理解　76
   3．サービスの特徴　79
   4．有意義な体験を目指して　82

第3章　身体障害者関連施設……………………84
   1．身体障害者施設　84
   2．重症心身障害児施設　89

3．有意義な体験を目指して　93
第4章　知的障害児者施設……………………………………95
　　1．知的障害児施設　95
　　2．知的障害者施設　96
第5章　精神障害者の社会復帰施設……………………………102
　　1．施　設　の　目　的　102
　　2．利　用　者　の　理　解　105
　　3．サービスの特徴(援護寮)　108
　　4．有意義な体験を目指して　108
第6章　高齢者関連施設……………………………………111
　　1．施　設　の　目　的　112
　　2．利　用　者　の　理　解　114
　　3．サービスの特徴　117
　　4．有意義な体験を目指して　120

付　　　録……………………………………………………121
　介護等体験特例法　121
　社会福祉施設における専門家　123
　介護等体験実施施設一覧　128
　介護等体験実施施設の概要　129
　都道府県・政令指定都市社会福祉協議会等一覧　131

　索　　引　135

チャレンジ　介護等体験
共生時代における障害理解のエッセンス

第 I 部
介護等体験の目指すもの

　第Ⅰ部では、はじめに「介護等の体験」（介護等体験）が小・中学校教職課程に導入された経緯と、体験の概要について述べ、教員を目指す学生にとって、介護等体験がどのような意義をもつのか考えてみる。つづいて、WHOの国際障害分類改訂版（ICF）を用いて「障害」の科学的理解を深めるとともに、わが国の障害者（児）の現況に関する理解を深める。さらに、今日の障害者福祉における理念的支柱となっている、ノーマライゼーションの思潮について学び、あわせて世界とわが国における障害者をとりまく、近年の社会的動向について概観する。

介護等体験の概要

1. 導入の経緯と概要

　現在，小・中学校の教育現場における，児童・生徒のいじめ，学級崩壊や荒れ，不登校等の問題が社会的にクローズアップされている。これら問題の背景には，少子化や核家族化にともなう家庭や地域の子育て機能の脆弱化等が想定される。したがって，その問題解決には，学校内における教員による取り組みに加えて，家庭や地域社会を巻き込んだ，取り組みが求められており，小・中学校教員には今までにない，社会に開かれた広い視野が問われている。

　このような現代の学校が抱える諸問題の解決に向けた教員の力量形成と，教員の社会連帯にかかわる視野を広めるという必要性から，小・中学校の教員免許状取得を希望する学生には，1998（平成10）年度入学生より社会福祉施設および特殊教育諸学校（盲・聾・養護学校）における，計7日間以上の介護等体験への参加が求められるようになった。介護等体験の趣旨には「義務教育に従事する教員が個人の尊厳及び社会連帯の理念に関する認識を深めることの重要性にかんがみ，教員としての資質の向上を図り，義務教育の一層の充実を期する（以下略）」〈小学校及び中学校の教諭の普通免許状授与に係わる教育職員免許法の特例等に関する法律〉こととされている。さらに，本法制定に際しての国会審議における趣旨説明をみると，わが国は本格的な高齢社会を迎えつつあり，未来を担う子どもたちの教育を担う教員を目指す学生にとって，これらの人々への介護等の体験が，教育者として，人の心の痛みを理解し，人間ひとりひとりが異なる能力や個性をもつ存在であることを理解する上で有効である，という考え方が背景にあることが理解できる。

　介護等体験の内容について同法は，「（前略）小学校又は中学校の教諭の普通免許状の授与を受けようとする者に，障害者，高齢者等に対する，介護，介助，これらの者との交流等の体験を行わせる措置（以下略）」としている。さらに同法の施行についての文部事務次官通達では，介護等体験の内容をより詳しく述べており「介護，介助のほか，障害者等の話し相手，散歩の付き添いなどの交流等の体験，あるいは掃除や洗濯といった，障害者等と直接接するわけではないが，受入施設の職員に必要とされる業務の補助など，介護等の体験を行う者の知識・技能の程度，受入施設の種類，業務の内容，業務の状況等に応じ，幅広い体験が想定されること」としている。

2．教員を目指す学生における介護等体験の意義

　前述のような経緯で導入された介護等体験であるが，小・中学校の教員を目指す者にとって，この体験に参加することは，どのような意義があるのであろうか。もう一度具体的に考えてみることにしよう。

　小・中学校教員を目指す学生にとって，介護等体験には大きく以下に述べるような意義があると考えられる。

【福祉ニーズをもつ人々の存在に気づく】

　われわれの社会にはさまざまな理由により福祉ニーズをもつ人々が，共に生きている。普段は気づく機会が少ないかと思われるが，心身に障害をもつ人々や痴呆性高齢者，家庭の事情により施設での生活を送る児童など，彼らの福祉ニーズは実に多様である。介護等体験への参加を通して，これら多様な福祉ニーズをもつ人々が地域社会で共に生活していることに気づくことは，少子高齢化や社会のノーマライゼーションが進む現在，小・中学校教員を目指す学生にとって大きな意義があるといえよう。

【人々の多様な価値観に触れる】

　介護等体験への参加によって，人生の先輩である高齢者や，生活上の困難をもつ心身に障害をもつ人々と交流し，ひとりひとりがもつ多様な価値観（世界観）に触れることができるかと思われる。社会には自分にとって当然のことができない人々がいたり，自分にとっては何気ないことに重大な価値をおく人がいることを理解するなど，介護等体験で得られるこれらの経験は，児童や保護者の多様な価値観への柔軟な対応を求められる小・中学校教員にとって，有益なものとなるだろう。

【個人の尊厳を学ぶ】

　人間とは，身長や体重といった身体的な特徴にはじまり，知的能力や性格，職業適性，価値観など，実に個性豊かな存在である。小・中学校教員を目指す学生には，これら人間ひとりひとりの相違を，個性としてあるがままに受容する感性が求められる。介護等体験において個性豊かな障害者や高齢者と実際に触れることを通して，これら人間がもつ個性を尊重する個人の尊厳への気づきが期待される。

【コミュニケーションの多様性への気づき】

　人間は自己を表現し他者に理解されたいという根元的な欲求をもっている。相手が何を伝えたいのか，相手の心の目線に立ってその理解に努め，相手のペースにあわせてコミュニケーションをとる姿勢は，教員を志望する学生にとっても必須の技術である。介護等体験の現場では，さまざまなコミュニケーション手段が必要とされる。聴覚障害者や視覚障害者，痴呆性の高齢者など，彼らとのコミュニケーションを通して，コミュニケーションの多様性への一層の理解が期待される。

3　介護等体験の事前学習に求められるもの

　介護等体験の趣旨と内容は前述の通りであるが，介護等体験では学生が自ら体験の趣旨

を十分に理解し，社会福祉施設や特殊教育諸学校において主体的な問題意識をもって体験に臨むことが重要となる。しかしながら，学生にとっては，介護等体験において初めて障害者や高齢者と接するというのが実情であり，多くの学生にとっては介護等体験は「異文化」体験になるかもしれない。このような介護等体験を有意義なものとするためには，介護等体験が行われる施設や学校の目的とそこで提供されるサービス内容等の基本的な知識を事前に学習しておくことが重要となる。加えて，施設利用者や障害児童・生徒への援助やコミュニケーションに必要な，施設利用者や障害児童・生徒に関する基本的理解を深めることが不可欠である。

障害の理解

1. 障害とは何か

　日本語の「障害」という用語はきわめて多義的である。一方，英語では障害の諸側面を指し示す用語として barrier, deficit, disease, disability, dysfunction, disorder, handicap, impairment といった独立した用語が用意されている。日本語における「障害」という用語がさまざまな意味を包含するために，日本人の障害や障害者に対する理解にはいくつかの混乱が生じている。一例として，「障害は疾患や外傷（病気やケガ）とどのように区別されるのであろうか？」「障害は治るものなのか？」「障害者が経験する生活上の困難は何によるのか」といった素朴な問いに，明確な回答ができるであろうか。したがって，障害を科学的に理解し，障害者への適切な援助計画を立案および実行する際には，私たちが日常使用する「障害」ということばの意味をもう一度吟味する必要がある。

　「障害者」に関する国際的な定義としては，国連の障害者の権利宣言（1975）にみられる「先天的か否かにかかわらず，身体的又は精神的能力の不全のために，通常の個人又は社会生活に必要なことを確保することが，自分自身では完全に又は部分的に出来ない人」（佐藤，1999）がある。

　一方，わが国では1993（平成5）年に抜本的な改正がなされた障害者基本法（旧心身障害者対策基本法）において障害者とは，「身体障害，精神薄弱（知的障害），又は精神障害があるため，長期間にわたり日常生活又は社会生活に相当な制限を受ける者」と定義されている。同法において障害は大きく身体障害，知的障害，精神障害の3種類に大別され，さらに身体障害は視覚障害，聴覚障害，平衡機能障害，音声言語又は咀嚼機能障害，肢体不自由，内部障害に細分されている（表1-2-1）。ここでは，これら身体障害，精神薄弱（知的障害），精神障害という障害特性による分類のみならず，後段の「日常生活又は社会生活に相当な制限を受ける」という点に注意を向ける必要がある。障害は病気やケガの結果として，心身器官の構造や機能に何らかの異常が生じ，人間としての生活を送る際に何らかの困難が生じている状態を指すものと理解できる。ただし，障害者の経験する日常生活や社会生活の困難が，障害者個人の障害の種類や程度によってのみ，一義的に決定されるものではないこ

表1-2-1　障害の種類

身体障害	聴覚・平衡機能障害	視覚障害
		聴覚障害
		平衡機能障害
	音声・言語又は咀嚼機能障害	
	肢体不自由	
	内部障害（心臓，腎臓，呼吸器等）	
知的障害		
精神障害		

とに注意を向ける必要がある。

2．障害の構造的理解

　障害の科学的理解には，1980年に世界保健機構（WHO）によって発表された国際障害分類（機能障害，能力障害および社会的不利の国際分類：ICIDH）における障害構造モデルが，学問的にも実践的にも大きな貢献をしてきた。国際障害分類では障害を「Impairment（機能障害）」，「Disability（能力障害）」，「Handicap（社会的不利）」の3つの次元から構造的にとらえている。

　Impairmentとは「心理的，生理的又は解剖学的な構造又は機能のなんらかの喪失または異常」とされ，器官レベルからみた障害ととらえることができる。Disabilityとは「人間として正常とみなされる方法や範囲で活動していく能力のなんらかの制限や欠如」であり，個人生活のレベルでみた障害といえる。Handicapとは「機能障害や能力障害の結果

表1-2-2　ICIDHとICFの比較（佐藤，2001）

	ICIDH（1980）	ICF（2001）
タイトル	International Classification of Impairments, Disabilities, and Handicaps 国際障害分類（機能障害，能力障害および社会的不利の国際分類）	International Classification of Functioning, Disability and Health 国際障害分類改定版（生活機能，障害および健康の国際分類）
概念図	病気・変調 → 機能障害 → 能力障害 → 社会的不利	健康状態（変調/病気） ↕ 心身機能/構造 → 活動 → 参加 ↓　　　　　↓ 環境因子　　個人因子
定義	**機能障害**とは心理的，生理的または解剖学的な構造または機能のなんらかの喪失または異常である。 **能力障害**とは，人間として正常とみなされる方法や範囲で活動していく能力の（機能障害に起因する）なんらかの制限や欠如である。 **社会的不利**とは，機能障害や能力障害の結果として，その個人に生じた不利益であって，その個人にとって（年齢，性別，社会文化的因子からみて）正常な役割を果たすことが制限されたり妨げられたりすることである。	**心身機能**とは，身体器官系の生理的機能である（心理的機能を含む）。 **身体構造**とは，器官，肢体とその構成部分などの，身体の解剖学的部分である。 **機能障害**（構造障害を含む）とは，著しい偏位や喪失などといった，心理機能または身体構造上の問題である。 **活動**とは，個人による課題や行為の実行である。 **参加**とは生活状況への個人の関与のことである。 **活動制限**とは，個人が活動を実行する際の困難のことである。 **参加制約**とは，個人が生活状況に関与する際の問題のことである。
分類項目数	機能障害　　1009項目 能力障害　　 338項目 社会的不利　　 7項目	心身機能・構造　　803項目 　心身機能　　　 493項目 　身体構造　　　 310項目 活動と参加　　　 389項目 環境因子　　　　 258項目

として，その個人に生じた障害」とされ，社会生活レベルでとらえた障害と理解することができよう（表1-2-2）。

援助の側面からみると，Impairmentに対してはリハビリテーション医学が残存機能の向上を目的にアプローチし，Disabilityに対しては訓練や教育による介入が行われる。Handicapに対しては福祉や行政がその問題解決にあたることになる。一例として，交通事故で脊椎損傷により下半身まひを負った例では，まひによって足を自由に動かせなくなり（Impairment），そのことにより歩行が困難であっても，車いす等を利用することで，移動のDisabilityを軽減することができる。さらに，社会のバリアフリー化を進めることにより，車イス利用者の就職や進学といった社会参加におけるHandicapを解消することが可能となる。

国際障害分類（ICIDH）は1983年に正式な分類案として位置づけられて以来，全世界の障害者に関わる関係者の「共通言語」として機能するのみならず，障害に関連した問題の本質的理解と解決（援助）手法の開発においても，計り知れない恩恵をもたらしてきた。

昨今，2001年5月に世界保健機構（WHO）は国際障害分類改訂版（生活機能，障害および健康の国際分類：ICF）を発表した（表1-2-2）。今回の主な改訂点は以下の4点である。第1点は，旧モデルでは各次元の因果関係は「Disease or Disorder（疾病・変調）→ Impairment（機能障害）→ Disability（能力障害）→ Handicap（社会的不利）」の一方向となっていたが，改訂版では各次元の影響の相互性を認めていることである。第2点としては，Disability（能力障害）を活動の制限（limitation of activity），Handicap（社会的不利）を参加の制限（limitation of participation）ととらえ直している点にある。これは，障害をもつ人間の行動を，あくまで「〜することができる」という中立的な観点から記述しようとする意図によるものである。第3の変更点としては，旧モデルと比べて，障害の背景因子としての環境の影響を重視し，新たに環境因子を設けている点である。さらに第4として，モデルにおける疾病・変調をHealth condition（健康状態）と再定義している。

3．リハビリテーションとは何か

リハビリテーションとは，Impairmentをもつ人々が，自らの人生における全人間的復権を主体的に遂げることを言う。国際障害者年であった1981年の翌年，1982年に国連は「障害者に関する世界行動計画」において，リハビリテーションを「身体的，職業的，かつまた社会的に最も適した機能水準の獲得を可能とすることによって，各個人が自らの人生を変革していくための手段を提供することを目指す，時間を限定するプロセス」と定義づけている。

国際的なリハビリテーションに関する最新の定義は，国連が1993年に決議した「障害をもつ人々の機会均等化に関する基準規則」で示されている。そこでは，「リハビリテーションとは障害をもつ人がその身体面・感覚面・知能面・精神医学面かつ，または社会機能面で最善のレベルに達し，そのレベルを維持できるようにすることを目指す過程であり，障害をもつ人がその人生を一層自立させるための手段を提供する。リハビリテーションに

は機能を提供，かつ，または回復させるための措置や，失われたり欠如している機能や機能面の制約を補う措置も含まれる。リハビリテーションの過程には初期の医療は含まれない。リハビリテーションには基礎的で一般的なリハビリテーションから、たとえば職業リハビリテーションのような目的指向型の活動までが含まれる（長瀬修訳）とされる。

さらに，近年のリハビリテーションの考え方としては，従来の障害者個人の Disability の軽減を目指した，運動機能回復訓練に代表される日常生活動作（ADL）訓練重視の時代から，福祉機器や福祉資源の活用，および社会全体のバリアフリー化の促進により，生活者としての障害者の自立を支援し，ひいては彼らの生活の質（QOL）の向上を企図したものへと移りつつある。この場合の「自立」とは，障害者が自らの生き方を自ら決定し，それを自己の責任のもとに実践し，生活者としての自己実現を遂げる過程を指している。

4．障害を生み出す原因

心身の障害（Impairment）を生み出す原因を，その発生時期により整理すると，先天的な原因，周産期（出生時）のトラブル，乳幼児期や児童期における病気や事故，成人期の病気や事故，老化など，ライフサイクルの各局面においてさまざまである。

厚生省の身体障害者実態調査をもとに，18歳以上の身体障害者における障害原因別にみた総数を示した（表1-2-3）。1996（平成8）年調査では，事故では労働災害を原因とする者が最も多く，身体障害者総数の6.9パーセントを占めている。疾病では感染症や中毒性疾患等をのぞく，その他の疾患を原因とする者が10.6パーセントとなっている。さらに，1991（平成3）年調査と1996年の値を比較すると，全体では107.8パーセントの増加率であり，事故では交通事故や労働災害，疾病ではその他の疾患や出生時の損傷を原因とする者が増加していることが理解できる。

表1-2-3　障害原因別にみた身体障害者数（障害者白書，2001を改変）

	総数	事故					疾病							不明	不詳
		交通事故	労働災害	その他の事故	戦傷病戦災	小計	感染症	中毒性疾患	その他の疾患	出生時の損傷	加齢	その他	小計		
1991年	2,722 (100%)	115 (4.2)	186 (6.8)	154 (5.7)	69 (2.5)	525 (19.3)	85 (3.1)	9 (0.3)	1,172 (43.1)	97 (3.6)	調査項目なし	226 (8.3)	1,588 (58.3)	205 (7.5)	404 (14.8)
1996年	2,933 (100%)	128 (4.4)	201 (6.9)	149 (5.1)	63 (2.1)	541 (18.4)	57 (1.9)	9 (0.3)	1,261 (43.0)	132 (4.5)	101 (3.4)	311 (10.6)	1,871 (63.8)	299 (10.2)	223 (7.6)
増加率	1.078	111.3	108.1	96.8	91.3	103.0	67.1	100.0	107.6	136.1	—	137.6	117.8	145.9	55.2

(注)(　)内は構成比

障害者(児)の現況

　わが国の障害者(児)の現況をみることとする。厚生省が1996(平成8)年に実施した身体障害者(児)実態調査によればその総数は317万7千人であり，18歳未満の身体障害児の人口は9万人とされ，18歳以上の身体障害者は308万7千人となっている(表1-3-1)。これら身体障害者(児)のうち，施設入所者はわずか16万2千人であり，一方，在宅生活者は301万5千人と大部分を占めており，多くの身体障害者(児)が地域で生活を送っていることが理解できる。

　次に，障害の種類別にみた身体障害者と身体障害児の構成であるが，身体障害者では肢体不自由が全体の56.5パーセント(165万7千人)と最も多く，次いで内部障害の21.2パーセント(62万1千人)となっている。身体障害児においても同様に肢体不自由の占める割合が50.7パーセント(4万1千人)と最も多く，次いで内部障害の22.3パーセント(1万8千人)，聴覚・言語障害の20.1パーセント(1万6千人)となっている(図1-3-1，図1-3-2)。

　知的障害者(児)については精神薄弱児(者)基礎調査によれば，1995年現在における在宅知的障害者は19万5千人，知的障害児は8万6千人であり，2000年には知的障害

表1-3-1　障害者数（障害者白書，2001を改変）

(単位：万人)

		総数	在宅者	施設入所者数
身体障害者・児		317.7	301.5	16.2
※1	身体障害児(18歳未満)	9.0	8.2	0.8
	身体障害者(18歳以上)	308.7	293.3	15.4
知的障害者・児		41.3	29.7	11.6
※2	身体障害児(18歳未満)	9.6	8.6	1.1
	身体障害者(18歳以上)	30.1	19.5	10.5
	年齢不詳	1.6	1.6	0
精神障害者 ※3		約204.1	170.1	34.0

※1. 1996年の資料　※2. 1995年の資料　※3. 1999年の資料

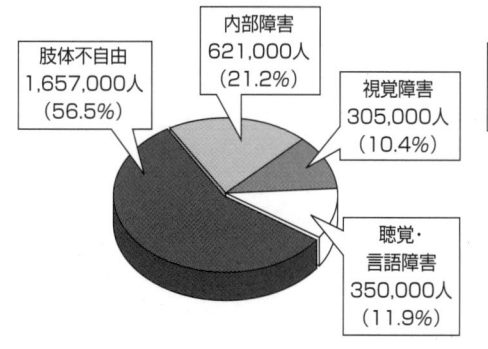

図1-3-1　障害の種類別にみた身体障害者数
（障害者白書，2001）

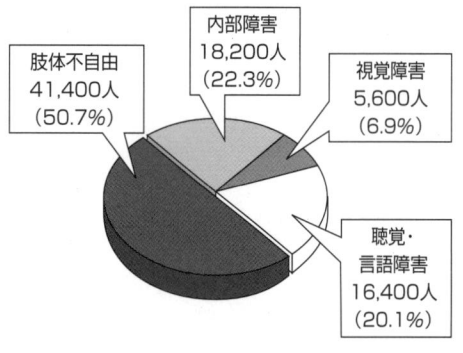

図1-3-2　障害の種類別にみた身体障害児数
（障害者白書，2001）

者22万1千人，知的障害児9万3千人となっている。知的障害者においても，後述するノーマライゼーションの思潮を受けて，近年では地域社会で生活を営む者が多い実態がある。

精神障害者については1999（平成11）年の厚生労働省の推計値によれば，その総数は約204万1千人であり，内訳は入院障害者が34万人，外来者（在宅障害者）が170万1千人となっている。

一方，近年の高齢社会の進展を受けて，身体障害者の高齢化が指摘されている。表1-3-2は年齢階級別にみた身体障害者数であるが，全体的な傾向として，近年の高齢化や成人期の慢性疾患の増加等を背景として，わが国では身体障害者人口に占める65歳以上の高齢障害者数が，1991（平成3）年の48.8パーセントから1996年の54.1パーセントへと，明らかな増加傾向にあることが理解される。

表1-3-2　年齢階級別にみた身体障害者数（障害者白書，2001を改変）

（単位：千人，％）

年次	総数	18～19歳	20～29歳	30～39歳	40～49歳	50～59歳	60～64歳	65歳以上	不詳
1991年	2,722	16	71	136	266	467	377	1,330	58
	100%	0.6	2.6	5	9.8	17.2	13.9	48.8	2.1
1996年	2,933	8	72	111	242	435	378	1,587	99
	100%	0.3	2.5	3.8	8.3	14.8	12.9	54.1	3.4
増加率	107.8%	50.3	102.0	81.6	91.0	93.2	100.2	119.3	171.5

（注）下段は構成比

表1-3-3は年齢階級別にみた人口1000人に対する身体障害者数の年次推移を示したものである。1996年の値をみても，60歳から64歳では人口1000人あたりの障害者数は49.6人となり，65歳以上では，その年齢階級人口の62.3人，70歳以上では94.6人（約10パーセント）が身体障害者である。

さらに，近年の身体障害者人口における傾向として，障害の重度化がクローズアップされている。身体障害者手帳を有する障害者のうち，重度障害者である1級と2級障害者が占める割合は1991年の40.1パーセントから1996年では43.1パーセントに増加している（図1-3-3）。

表1-3-3　年齢階級別にみた身体障害者数の年次推移（対人口千人）（障害者白書，2001を改変）

年次	総数	18～19歳	20～29歳	30～39歳	40～49歳	50～59歳	60～64歳	65歳以上	70歳以上
1965年	17.9	3.3	4.9	7.7	15.8	29.7	40.9	56.2	63.7
1980年	23.8	3.5	4.9	7.0	16.0	33.7	55.8	68.7	87.6
1987年	26.7	2.2	4.9	9.1	15.7	31.7	56.9	72.9	88.0
1991年	28.3	3.9	4.1	8.3	13.4	28.9	54.5	75.9	90.4
1996年	28.9	2.3	3.8	7.0	12.2	26.2	49.6	62.3	94.6

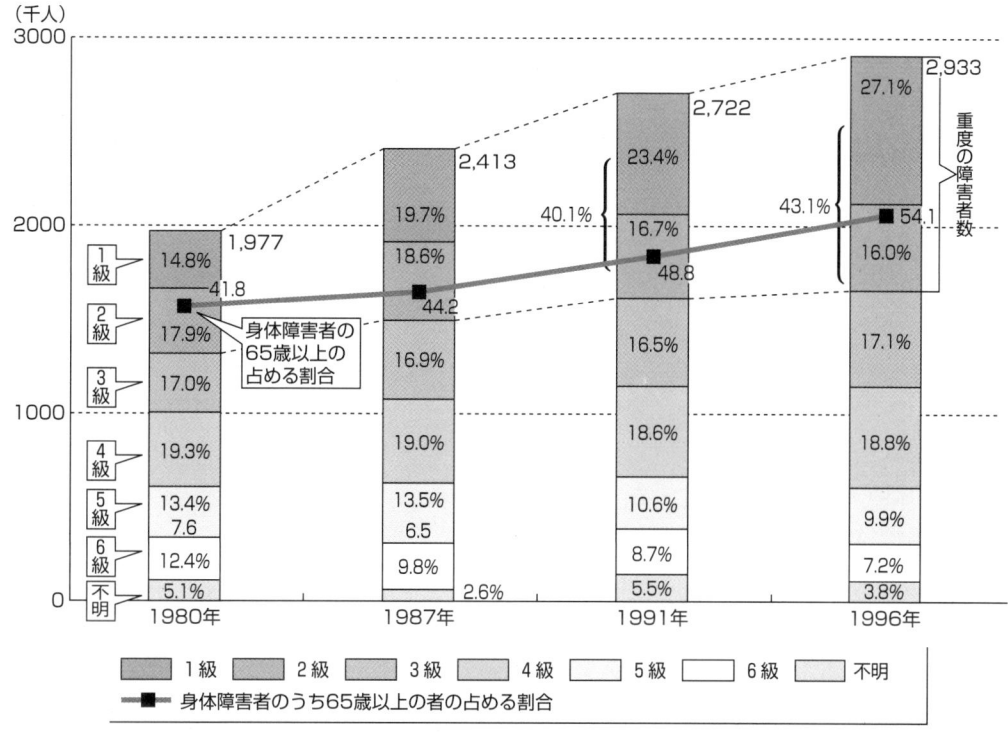

図1-3-3　身体障害者数の年次推移と程度別の割合

障害者(児)をめぐる社会的動向

1. 障害者観の変遷

　基本的人権の尊重や後述するノーマライゼーション思潮の社会への浸透により，障害者に対する社会や人々の意識は近年大きく変化してきた。厚生省大臣官房障害保健福祉部は，障害者に対する国民の意識の歴史的変遷について，①無知と無関心による差別・偏見の障害者観，②哀れみ，同情の障害者観，③「共に生きる」という障害者観を経て，現在では，④「障害は個性である」という障害者観の段階にあることを指摘している(図1-4-1)。

| 歴史的な変化の過程 | 無知と無関心による差別・偏見の障害者観 | → | 哀れみ，同情の障害者観 | → | 「共に生きる」という障害者観 | → | 「障害は個性である」という考え方 |

図1-4-1　障害者観の変遷（厚生省，1998）

2. ノーマライゼーションの台頭

　ノーマライゼーションとは，1950年代後半から北欧諸国の福祉において台頭してきた，社会における障害者の在り方に関する新たな思潮である。今日ではノーマライゼーションは，ひろく，障害者と健常者が共生可能な社会づくりととらえられているが，ノーマライゼーションの父であるバンク・ミケルセンは，知的障害者の親の会の運動に関わるなかで，知的障害者自身をノーマルにするのではなく，知的障害者の生活する地域や生活環境をノーマルにすることがノーマライゼーションであると述べている。ノーマライゼーションでは，本来，社会とは障害者や高齢者といったさまざまな人々から構成されるのが当然であり，これらの人々を閉め出す社会は虚弱な社会であると考えられる。

　さらに，ノーマライゼーションでは，障害者の障害の種類ごとに決められたサービスを提供するのではなく，ひとりひとりの障害者の生活ニーズに応じて，可能な限り住み慣れた地域において，サービスを提供することが求められる。これは，従来の知的障害者の福祉が地域から隔離された大型入所施設において行われていた反省に立つものであり，以降，ノーマライゼーションは福祉の在り方を脱施設化や地域福祉といった新たな方向に導くうえで，理論的な支柱としての重要な役割を果たした。ノーマライゼーションの思潮は，のちの障害者福祉に関わる世界の動きに大きな影響を与えてきた。

3. 世 界 の 動 向

　ノーマライゼーションの台頭を受けて，1970年代に入ると障害者をめぐる世界の動きは大きな変化をみせてきた。まず1971年に障害者に関する初の国連決議である精神遅滞者（知的障害者）の権利宣言が国連総会で採択された。同宣言では知的障害者の人権を再確認するとともに，知的障害者に対する適切な医療や教育，リハビリテーションを受ける権利，経済的保障や地域生活を送る権利等を認めている。さらに，1975年には精神遅滞者の権利宣言をさらに発展させた形で障害者の権利宣言が採択された。同宣言では障害者のさまざまな権利を認めると共に，国連として初めて障害者の定義を示した点が注目される。さらに，障害者の権利宣言の各国における実施を促すために，1976年の国連総会において1981年を国際障害者年とすることを取り決めた。1981年の国際障害者年ではテーマを「完全参加と平等（full participation and equality）」とし，障害の予防，リハビリテーション，社会への障害者の完全な統合の意義を再確認し，各国における努力を求めた。

　1982年には障害者に関する世界行動計画が採択され，1983年から1992年を国連障害者の10年とし，各国政府に対して予防とリハビリテーション，障害者の機会均等化実現に向けた，具体的な国内計画を立案することを要請した。さらに，この決議では発展途上国の計画立案と実行に対する支援を事務局長に求めた。この他，各国政府に対して障害者の日を宣言することが勧められた。さらに，国連障害者の10年の最終年である1992年の翌年の1993年に，国連は障害者の機会均等化に関する基準規則を採択した。同規則は国連障害者の10年の経験を踏まえつつ，強制力はもたないものの，障害者の一層なる平等な参加を実現する社会環境整備を各国に求めており，進捗状況の監視システムを取り入れている。

　これらの動きを受けて，米国では1990年に障害をもつアメリカ人法（ADA: Americans with Disabilities Act）が制定され，同法には障害者の完全な社会参加のための，企業に対する罰則規定を含む差別禁止や交通や通信のアクセシビリティーの保障が盛り込まれた。

　一方，多くの発展途上国を抱えるアジアにおいては，国連障害者の10年における取り組みでは必ずしも施策実施が十分でなかったことから，1992年4月に北京で行われた国連アジア太平洋経済社会委員会（ESCAP）において，1993年から2002年を引き続きアジア太平洋障害者の10年とすることが決議された。さらに，同年12月のESCAPの政府間

表1-4-1　国連および世界における障害者施策の展開

年	事項	年	事項
1971	精神遅滞者の権利宣言	1990	障害をもつアメリカ人法（ADA）
1975	障害者の権利宣言	1992	アジア太平洋障害者の10年（ESCAP）
1980	国際障害者年行動計画	1993	障害者の機会均等化に関する基準規則
	国際障害分類（ICIDH）を発表（WHO）		アジア太平洋障害者の10年（～2002）
1981	国際障害者年	1994	サラマンカ宣言（UNESCO）
1982	障害者に関する世界行動計画	2001	国際障害分類改訂版（ICF）の正式承認（WHO）
1983	国連・障害者の10年（～1992）		
1989	国連・子ども権利条約		

会議において，アジア太平洋地域における障害者の完全参加と平等に関する宣言，ならびに行動課題が採択された（表1-4-1）（表1-4-2）。

表1-4-2　アジア太平洋障害者の10年「行動課題」の領域

①国内調整	⑦訓練と雇用
②法律	⑧障害原因の予防
③情報	⑨リハビリテーション・サービス
④国民の啓発	⑩福祉機器
⑤アクセシビリティとコミュニケーション	⑪自助組織
⑥教育	⑫地域協力

（Agenda for Action, ESCAP, 1992；佐藤他，2000）

4．わが国の動向

　第二次世界大戦前には貧窮障害者や戦傷障害者を対象とした一部のものを除いては，障害者の福祉を目的とした十分な施策がとられてこなかった経緯がある。よって，わが国の障害者福祉は国民の生存権の保障を明記した1946（昭和21）年の日本国憲法のもとで本格的な始動をみた。1950年には身体障害者福祉法が施行され，国による障害者施策がスタートした。一方，知的障害者の福祉については，1960（昭和35）年の精神薄弱者福祉法の制定を待たねばならなかった。以降，わが国の障害者施策は1970年代に入ると，主に重症心身障害者を対象として，地域から隔離された大規模入所施設への収容を目指すコロニー政策がとられることになる。コロニーは障害者が一生を送ることができる理想郷とされ，全国で巨大コロニーの建設が相次いだ。これは，先に述べたノーマライゼーションの影響のもと，1970年代には「隔離された施設から地域へ」のスローガンのもと，多くのコロニーが閉鎖され地域福祉に移行していった欧米諸外国と対照的である。以降，わが国の障害者施策は1980年代に入るまで，本格的なノーマライゼーションへ施策を転換することができなかった。

　1980年代に入ると，国連や世界の動向を受けてノーマライゼーションに向けた施策がとられるようになった。国際障害者年の翌年の1982（昭和57）年には，障害者対策に関する長期計画が策定された。さらに，身体障害者については1984（昭和59）年の身体障害者福祉法の改正において，国連の完全参加と平等の理念が取り入れられた。知的障害者については1989年に精神薄弱者地域生活援助事業（グループホーム）が始まった。さらに，1993（平成5）年には心身障害者対策基本法が障害者基本法に改められ施行された。障害者基本法は障害者を「身体障害，精神薄弱（知的障害），又は精神障害があるため，長期間にわたり日常生活又は社会生活に相当な制限を受ける者」と定義とするとともに，わが国の障害者施策全体に関わる理念や，国や地方自治体の施策の方向性を示す重要な法律である（表1-4-3）。また，同法は国に対して障害者基本計画の策定を求めており，これにより1995（平成7）年に国が作成したものが「障害者プラン（ノーマライゼーション7か年戦略）」である。障害者プランは，1993（平成5）年に発表された障害者対策に関する新長期計画（全員参加の社会づくりをめざして）を実現するために，1996年から

2002年を計画期間として，具体的な数値目標を盛り込んだものとなっている。障害者プランではリハビリテーションとノーマライゼーションの理念を踏まえつつ，7つの視点から重点的な施策の推進を図ることとしている（第Ⅲ部1-9参照）。

表1-4-3　障害者基本法（抜粋）

第1条【目的】
　　この法律は，障害者のための施策に関し，基本的理念を定め，及び国，地方公共団体等の責務を明らかにするとともに，障害者のための施策の基本となる事項を定めること等により，障害者のための施策を総合的かつ計画的に推進し，もって障害者の自立と社会，経済，文化その他あらゆる分野の活動への参加を推進することを目的とする。

第2条【定義】
　　この法律において「障害者」とは，身体障害，知的障害又は精神障害（以下「障害」と総称する。）があるため，長期にわたり日常生活又は社会生活に相当な制限を受ける者をいう。

第3条【基本的理念】
　1　すべての障害者は，個人の尊厳が重んぜられ，その尊厳にふさわしい処遇を保障される権利を有するものとする。
　2　すべての障害者は，社会を構成する一員として社会，経済，文化その他あらゆる分野の活動に参加する機会を与えられるものとする。

第4条【国及び地方公共団体の責務】
　　国及び地方公共団体は，障害者の福祉を増進し，及び障害を予防する責務を有する。

第6条の2【障害者の日】
　1　国民の間に広く障害者の福祉についての関心と理解を深めるとともに，障害者が社会，経済，文化，その他あらゆる分野の活動に積極的に参加する意欲を高めるため，障害者の日を設ける。
　2　障害者の日は12月9日とする。

第7条の2【障害者基本計画等】
　　政府は，障害者の福祉に関する施策及び障害の予防に関する施策の総合的かつ計画的な推進を図るため，障害者のための施策に関する基本的な計画（以下「障害者基本計画」という。）を策定しなければならない。

介護等体験に関する Q&A

Q：「**介護等体験はどこで，何日間行うのですか？**」
A：介護等体験は社会福祉施設と特殊教育諸学校（盲・聾・養護学校）において，計7日間以上行わねばなりません。7日間の内訳については，社会福祉施設が5日間，特殊教育諸学校を2日間とするのが一般的です。介護等体験が行われる社会福祉施設については，巻末の実施施設一覧で確認してください。なお，児童福祉施設である保育所は介護等体験の実施施設に含まれていませんので注意してください。

Q：「**介護等体験はいつ行うのですか？**」
A：各大学により，介護等体験を行う学年は異なります。さらに，個々の学生の体験実施の時期は大学の教職事務室等で受入施設の事情を考慮のうえ決定されます。実施時期などについて不明の点は，大学の教職事務室等に問い合わせをしましょう。原則として指定された時期を学生の都合により変更することは認められません。体験の直前に病気やケガが生じた場合でも，時期の変更は難しく，多くの場合，体験は次年度以降に延期されます。

Q：「**介護等体験ではどんなことを行うのですか？**」
A：「障害者や高齢者に対する介護，介助，これらの者との交流等の体験（介護等の体験）」とは，介護，介助のほか，障害者等との話相手，散歩の付添いなどの交流等の体験，あるいは掃除や洗濯といった，障害者等と直接接するわけではないが，受入施設職員に必要とされる業務の補助など，介護等の体験を行う者の知識・技能の程度，受入施設の種類，業務の内容，業務の状況等に応じて，幅広い体験が想定されること，とされています。

Q：「**どんな学生に介護等体験が求められるのですか？**」
A：1998（平成10）年度以降に大学（短期大学を含む）に入学した，小学校および中学校の普通教員免許状の取得を希望する学生全員に介護等体験への参加が求められます。なお，すでに特殊教育諸学校の教員免許や，看護師，保健師，助産師，理学療法士，作業療法士，義肢装具士の免許，社会福祉士，介護福祉士の資格を有する学生は介護等体験を免除されます。その他，学生自らが身体上の障害をもち，介護等体験への参

加が困難な場合も体験が免除されます。

Q：「**介護等体験の受付窓口はどこですか？**」
A：学籍を置く大学の教職事務室等が受付窓口となります。大学ごとに体験希望者の一覧を作成して，社会福祉施設については都道府県の社会福祉協議会へ一括して申し込みを行います。特殊教育諸学校についても，大学ごとに一括して都道府県教育委員会に申し込みを行うことになっています。なお，学生が個別に社会福祉施設や特殊教育諸学校に対して，介護等体験の申し込みをすることはできない仕組みがとられています。

Q：「**介護等体験では事前にどんな準備が必要ですか？**」
A：介護等体験を有意義なものとするために，自分が介護等体験に参加する施設・学校の名称や所在や，施設までの順路はもちろんのこと，施設・学校の種類については最低限，学生各自において調べておきましょう。さらに体験を行う施設の利用者や学校に在籍する児童・生徒の，障害特性や福祉ニーズ等について基本的な情報を自習することも，問題意識をもって介護等体験を臨むためには必須でしょう。

Q：「**介護等体験に参加する際の注意点は何ですか？**」
A：皆さんの介護等体験が行われる社会福祉施設は利用者の生活の場であり，学校は児童・生徒の学習の場です。そのことを十分に理解して利用者や児童・生徒の生活のリズムを崩さないように配慮しながら，体験に臨みましょう。利用者や児童・生徒の人権の尊重はもちろんのこと，体験で見聞きした個人のプライバシーに関わる事項は絶対に外部に漏らしてはなりません。思わぬ事故につながることがあるので，わからないことは勝手に判断せず，ホウ・レン・ソウ（報告，連絡，相談）を常に心がけましょう。また，心臓ペースメーカー等の医療機器に悪影響を及ぼす恐れがあり，携帯電話の電源は必ず切りましょう。
　さらに，体験中の自分の生活リズムや健康の自己管理にも留意しましょう。

Q：「**介護等体験にはどんな服装で参加すべきですか？**」
A：介護等体験の参加にあたっては，清潔で動きやすい服装で臨むべきでしょう。履き物はスポーツシューズが望ましく，サンダルやハイヒールはふさわしくありません。また，利用者や児童・生徒に接する際に，思わぬ事故につながりますので，爪は短く切り，ピアス，ネックレス等の装身具は控えましょう。食事や排泄場面での介護に支障が生じるので，香水はつけないようにしてください。

Q：「**介護等体験を終えた後には何をすべきですか？**」
A：体験のふりかえりは体験を真に有意義なものとします。ふりかえりをレポートの形式でまとめ，自分の体験を今一度整理することも重要でしょう。また，介護等体験はさまざまな施設で実施されます。自分が体験に参加した社会福祉施設の概要や体験の内

容等について，友達と話し合うことなどによって，体験を共有することも有益でしょう。ただし，体験中に知り得た入所者個々人のプライバシーに関わる事柄については，決して話してはなりません。体験中に生じた疑問点等について，図書館で自ら知識の確認をしたり，大学の教員に質問することも意味ある事後学習となるでしょう。

文　　献（第Ⅰ部）
中野善達　1997　国際連合と障害者問題　エンパワメント研究所
内閣府　2001　障害者白書（平成13年版）　財務省印刷局
佐藤久夫　1999　障害者福祉論（第3版）　誠信書房
佐藤久夫・小澤　温　2000　障害者福祉の世界　有斐閣
厚生省大臣官房障害保健福祉部企画課　1998　ノーマライゼーションをめざしていっしょにあるこう　厚有出版
障害者福祉研究会　2001　障害者のための福祉2001　中央法規
総理府障害者施策推進本部担当室　1996　21世紀に向けた障害者施策の新たな展開　中央法規
佐藤久夫　2001　ICIDH, ICFの歴史　OTジャーナル，**35**（9），924-927.
厚生労働省　2001　厚生労働白書（平成13年版）　ぎょうせい
埼玉県社会福祉協議会　2001　学生のための介護等体験埼玉県ガイドブック　埼玉県社会福祉協議会
厚生省大臣官房障害保健福祉部　1999　日本の身体障害者・児　第一法規
日本障害者協議会　1995　障害者の機会均等化に関する基準規則（日本語版　長瀬　修訳）JDジャーナル増刊　№174　日本障害者協議会
障害福祉研究会　2002　ICF国際生活機能分類　－国際障害分類改定版－　中央法規

推薦図書（第Ⅰ部）
佐藤久夫・小澤　温　2000　障害者福祉の世界　有斐閣
佐藤久夫　1999　障害者福祉論（第3版）　誠信書房
内閣府　2001　障害者白書（平成13年版）　財務省印刷局
厚生統計協会　2001　国民の福祉の動向　厚生統計協会

第Ⅱ部
盲・聾・養護学校と障害児童・生徒の理解

　第Ⅱ部では視覚障害児、聴覚障害児、知的障害児、肢体不自由児の障害特性と教育的ニーズについての基礎的な理解を深め、つづいて、介護等体験が実施される特殊教育諸学校（盲、聾、養護学校）の目的と教育の特徴について述べる。さらに、特殊教育諸学校における介護等体験で想定される学習課題や、体験を有意義なものとするために不可欠な、子どもとのコミュニケーションの方法や援助の手法について概説する。

特殊教育の概要

1. わが国の特殊教育の経緯

わが国の特殊教育は明治11年の京都盲唖院が始まりとされ，第二次世界大戦前は私立学校，民間団体等によって，主に聴覚障害児と視覚障害児を対象とした教育が慈善的に行われていた。公教育としての特殊教育の本格的な始動は，戦後の日本国憲法の「すべての国民は法律の定めるところにより，その能力に応じて，等しく教育を受ける権利を有する。すべての国民は，法律の定めるところにより，その保護する子女に普通教育を受けさせる義務を負う。義務教育は，これを無償とする」（第26条）のもとで実現した。この憲法の条文を受けて，教育基本法等の関連法が整備された。このような経緯のなかで，昭和23（1948）年度から盲学校と聾学校の就学義務制が実施をみた。一方，養護学校については戦前にほとんどその実態が無かったことから，その施設整備および人材確保が遅れ，義務制の実現には昭和54年まで待たねばならなかった。以降，わが国の特殊教育は順調な発展を遂げ，障害を理由として義務教育の就学を猶予・免除された者の数は，昭和54（1979）年に2,574人いたものが，平成12（2000）年5月には140人にまで減少した（表2-1-1）。

表2-1-1　義務教育段階の児童・生徒の就学状況
（2000年5月現在）

義務教育段階の学齢児童・生徒数	11,520,797(人)	100%
特殊教育を受ける者（a+b+c）	149,660	1.299
盲・聾・養護学校在籍者（a）	49,192	0.426
特殊学級在籍者（b）	72,921	0.632
通級による指導をうける者（c）	27,547	0.239
障害を理由として就学猶予・免除を受ける者	140	0.001

（文部科学省，2001より改変）

2. 特殊教育の目的

盲・聾・養護学校における教育の目的は，「幼稚園，小学校，中学校又は高等学校に準ずる教育を施し，あわせてその欠陥を補うために，必要な知識技能を授けること」（学校教育法第71条）とされている。この条文における前段は一般の小・中学校に準ずる教育の目的を示すとともに，後段は，盲・聾・養護学校に固有の教育目的を示している。なお，後段文中における障害を克服するための諸種の困難とは，WHOのICFにおける活動の制

限（limitation of activity）を指している。活動の制限の軽減を目的として，盲・聾・養護学校における教育課程には，後述する「自立活動」の領域が設定されている。

3．特殊教育の場

　特殊教育の場は特殊教育諸学校（盲・聾・養護学校）と小学校と中学校に設けられた特殊学級に大別される。特殊教育諸学校には盲学校，聾学校，知的障害養護学校，肢体不自由養護学校，病弱養護学校の5種がある。特殊学級は軽度障害児を対象としており，障害特性別に知的障害，肢体不自由，病弱・身体虚弱，弱視，難聴，言語障害，情緒障害の7種がある（表2-1-2，表2-1-3）。

表2-1-2　盲・聾・養護学校の状況（2000年5月現在）

区　分		学校数	在　学　者　数　（人）				
			幼稚部	小学部	中学部	高等部	計
盲　学　校		71	228	693	491	2,677	4,089
聾　学　校		107	1,282	2,112	1,400	2,024	6,818
養護学校	知的障害	523	48	16,670	12,847	27,513	57,078
	肢体不自由	196	74	7,475	4,496	5,841	17,886
	病　弱	95	4	1,553	1,455	1,221	4,223
	小　計	814	126	25,698	18,798	34,575	79,197
総　計		992	1,636	28,503	20,689	39,276	90,104

（文部科学省，2001より改変）

表2-1-3　特殊学級の状況（2000年5月現在）

区　分	小学校		中学校		児童・生徒数計（人）
	学級数	児童数（人）	学級数	児童数（人）	
弱視	87	130	36	44	174
難聴	363	744	149	306	1,050
知的障害	10,913	31,558	5,518	17,154	48,712
肢体不自由	1,052	1,936	394	582	2,518
病弱・虚弱	568	1,304	233	462	1,766
言語障害	326	1,151	19	42	1,193
情緒障害	4,700	12,690	1,898	4,818	17,508
総計	18,009	49,513	8,247	23,408	72,921

（文部科学省，2001より改変）

　この他，1993（平成5）年より軽度障害児を対象に，一般学級に学籍を置きながら，特別な指導を通級指導教室において受ける，通級による指導が制度化された。通級指導の対象となるのは，言語障害，情緒障害，弱視，難聴，肢体不自由，病弱・身体虚弱の軽度障害児である（表2-1-4）。通級による指導では特殊教育諸学校における自立活動に相当する，障害の状態を改善・克服するための指導や，障害に起因する教科の遅れを補充する指導が行われる。

　なお文部科学省による心身障害の種類と程度別にみた就学の場を図2-1-1に示した。なお，

表2-1-4　通級による指導の実施状況（2000年5月現在）

区　分	小学校（人）	中学校（人）
弱視	134	12
難聴	1,197	223
肢体不自由	4	3
病弱・虚弱	19	5
言語障害	23,180	110
情緒障害	2,184	476
総計	26,718	829

（文部科学省，2001より改変）

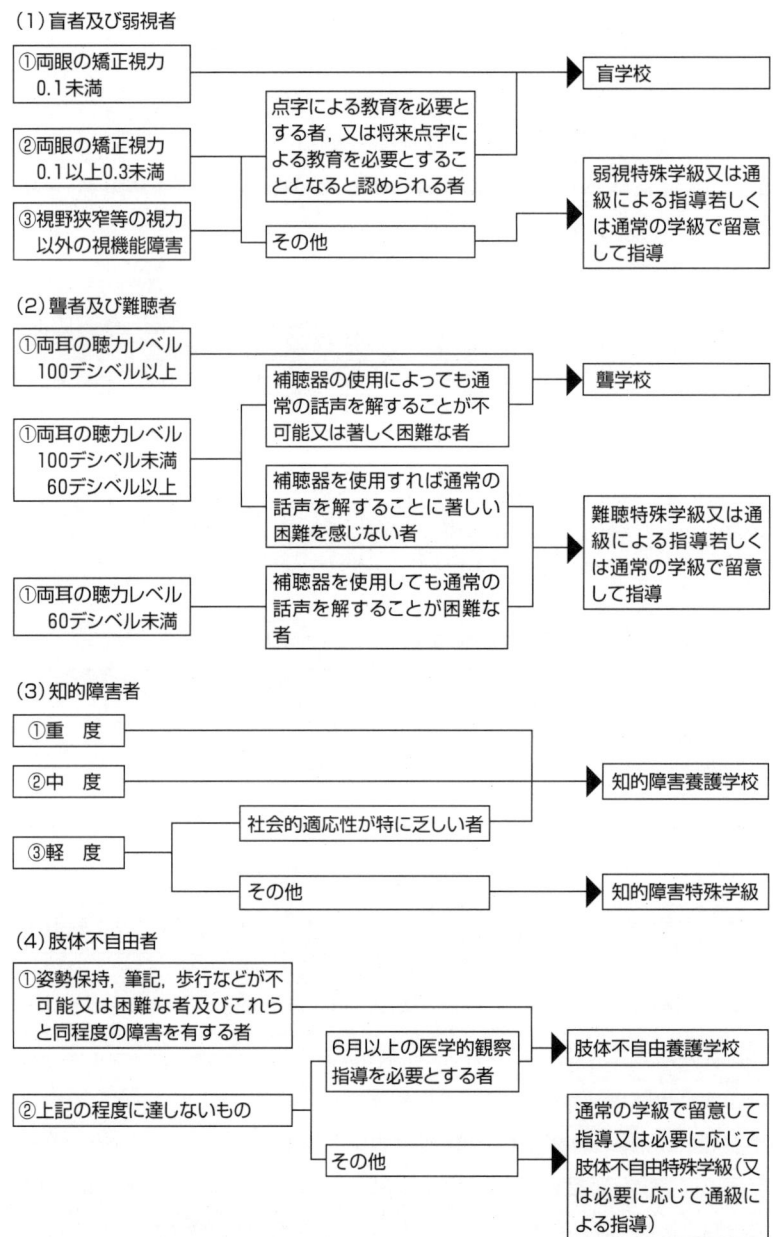

図2-1-1　心身障害児の障害の種類・程度と教育措置（その1）　（佐藤，2001）

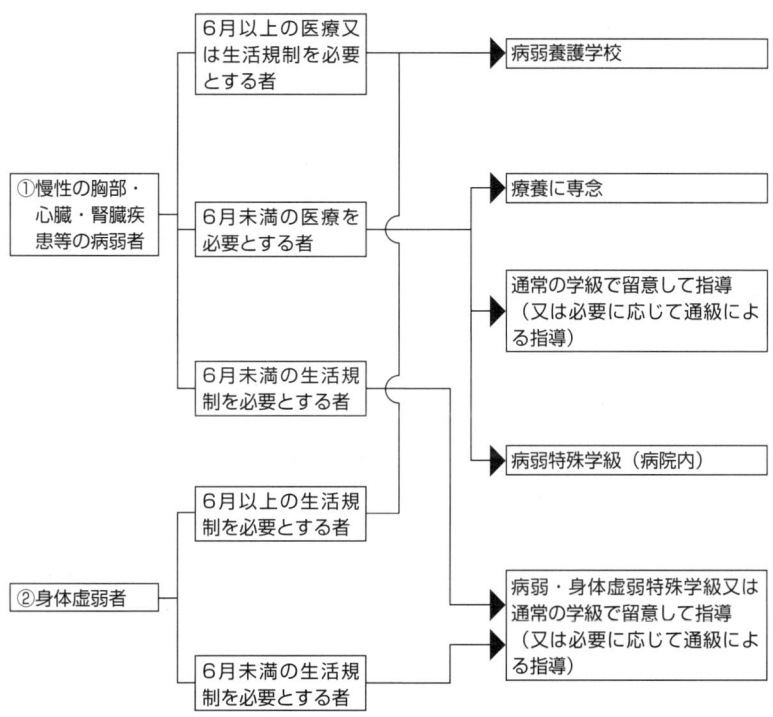

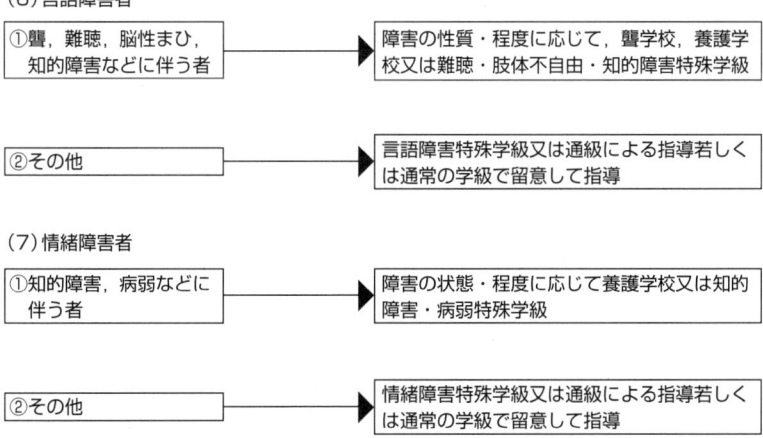

図2-1-1　心身障害児の障害の種類・程度と教育措置（その2）　（佐藤，2001）

図2-1-1にまとめた，旧文部省の局長通達による従来の就学指導の基準は，2000（平成12）年の地方分権一括法の施行により失効した。現在，都道府県教育委員会の判断と責任による，就学指導の基準ならびに手続きの，早急な見直しが求められている。

4．特殊教育における教育課程

　特殊教育諸学校における教育課程は，小・中学校に準ずる各教科，特別活動，道徳，総合的な学習の時間と，固有の領域としての自立活動の5領域から構成されている。教科指導上の特色としては，個々の児童・生徒の障害の程度や学習上の実態に即して，複数の教科内容を合わせて指導を行う合科の特別措置や，教育課程における複数の領域を統合した授業措置が認められている。特殊教育諸学校における教科書は，障害の特性に配慮したものが一部の教科において用意されている（表2-1-5）。

表2-1-5　盲学校，聾学校および養護学校用教科書
（障害者白書，2001）

区分	小学部	中学部
盲学校	〔点字版〕 国語 社会 算数 理科	〔点字版〕 国語 社会（地理的分野） 社会（歴史的分野） 社会（公民的分野） 数学 理科（第1分野） 理科（第2分野） 英語
聾学校	言語指導 音楽	言語 音楽
養護学校 （知的障害教育）	国語 算数 音楽	国語 数学 音楽

　次に，特殊教育諸学校における小学部および中学部の自立活動の目的について，盲・聾・養護学校学習指導要領は「個々の児童又は生徒の自立を目指し，障害に基づく諸種の困難を主体的に改善・克服するために必要な知識，技能，態度及び習慣を養い，もって心身の調和的発達の基盤を培う」としている。自立活動ではWHOのICFにおける活動の制限（limitation of activity）の軽減を目指して，「健康の保持」，「心理的な安定」，「環境の把握」，「身体の動き」，「コミュニケーション」の5つの内容（計21項目）から構成されている。自立活動の実施にあたっては，個々の児童・生徒の活動の制限の正確な状態把握（アセスメント）と，状態改善に最も効果的な個別指導計画の策定（プランニング）が求められている。個別指導計画では指導項目の精選はもちろんのこと，短期および長期の指導目標の設定が不可欠であり，目標が十分に達成されない場合には，再度のアセスメントとプランニングの実施が必須となる。さらに，自立活動では児童・生徒自らが興味をもって主体的かつ意欲的に課題に取り組めるよう配慮することに加えて，発達の遅れている側面（凹の部分）のみならず進んでいる側面（凸の部分）に着目した，長所活用型の指導の重要性が近年報告されている。

　特殊学級の教育は小学校・中学校学習指導要領に基づいて行われるため，教育課程は一般の小学校および中学校と同一であり，各教科，特別活動，道徳，総合的な学習の時間の4領域から構成されている。ただし，特別な必要が認められる場合には，盲，聾，養護学校の学習指導要領を参考にして教育を行うことが認められている。

5．特殊教育諸学校における教員資格

　特殊教育に関わる教員免許状には，盲学校免許状，聾学校免許状，養護学校免許状の三種類がある。盲・聾・養護学校において教育を行うには，各学校に相当するこれら教員免許状に加えて，相当する学部における幼稚園，小学校，中学校，高等学校の教員免許状の所持が前提となる。さらに，盲学校免許状，聾学校免許状，養護学校免許状には教員の専門性に応じて，1種免許状と2種免許状，専修免許状が設けられている。この他に，もっぱら自立活動の時間を担当する自立活動教員免許状がある。

　なお，小中学校に設けられた特殊学級の教員については，小学校または中学校の教員免許状のみで教育を行うことができる。

6．21世紀の特殊教育が目指すもの

　近年の世界的な障害者と健常者の共生社会を目指すノーマライゼーション思潮の台頭は，特殊教育においても大きな影響を及ぼしている。教室のノーマライゼーションととらえられるインクルージョン教育はその代表的なものである。インクルージョン（inclusion）とは包み込むという意味であるが，インクルージョン教育では，障害の種類や程度によって特別な学校をあらかじめ用意するのではなく，地域の一般の学校における障害児と健常児の共生を目指すものである。ユネスコが1994年に発表したサラマンカ宣言は，世界各国における，障害児の分離教育からインクルージョン教育への積極的な移行を促す契機となった。

　インクルージョン教育では，地域の一般の学校（教室）に特別な教育的ニーズをもつ子ども達が在籍することを，当然の前提としており，学校や教師には，多様な教育的ニーズをもつ子ども達への教育サービスの提供が求められる。これらの世界的な動向をふまえ，すでにわが国の特殊教育においても，従来の特殊教育というとらえ方を，個々の子どもに即した特別なニーズ教育（特別支援教育）に改める動きが始まっている。

　さらに，文部科学省の施策として，特別支援教育推進事業や特別支援教育の在り方に関する調査研究等を実施している。このようななかで，文部科学省の調査研究協力者会議は2001（平成13）年1月に「21世紀の特殊教育の在り方について（最終報告）」を発表した。そこでは，わが国の今後の特殊教育のあり方として，就学指導のあり方の改善，障害児の重度・重複化への対応，学習障害児や注意欠陥/多動性障害（ADHD），高機能自閉症児への教育的対応に加え，特殊学級および通級による指導の拡充，盲・聾・養護学校の地域の特殊教育センター化などについての提言がなされている。同会議は今後の特殊教育のあり方に関わる基本的な考え方として以下の5点をあげている。

①ノーマライゼーションの進展に向け，障害のある児童生徒等の自立と社会参加を社会全体として，生涯にわたって支援する。

②教育，福祉，医療，労働等が一体となって乳幼児期から学校卒業後まで障害のある子ど

も及びその保護者等に対する相談及び支援を行う体制を整備する。
③障害の重度・重複化や多様性を踏まえ，盲・聾・養護学校等における教育を充実するとともに，通常の学級の特別な教育的支援を必要とする児童生徒等に積極的に対応する。
④児童生徒の特別な教育的ニーズを把握し，必要な教育的支援を行うために，就学指導の在り方を改善する。
⑤学校や地域における魅力と特色のある教育活動等を促進するため，特殊教育に関する制度を見直し，市町村や学校に対する支援を充実する。

　このように，今後，21世紀のわが国の特殊教育は，ノーマライゼーションの理念のもとに，地域に根ざし，障害児自身の自己決定や保護者による就学選択の機会が保証された，ひとりひとりの子どもの特別な教育ニーズを満たすものに生まれ変わることが求められている。

文　献
佐藤泰正　2001　障害児教育概説三訂修正版　学芸図書
文部科学省　2001　特殊教育資料（平成12年度）文部科学省初等中等教育局特別支援教育課
内閣府　2001　障害者白書（平成13年版）財務省印刷局

推薦図書
石部元雄・柳本雄次　2002　ノーマライゼーション時代における障害学　福村出版
山口　薫・金子　健　2000　改訂特殊教育の展望－障害児教育から特別支援教育へ－　日本文化科学社

盲学校

1. 視覚障害児の理解

(1) 視覚障害の定義

医学的には，視覚障害は視力，視野，色覚等の視覚機能が永続的に低下することの総称と定義される。また，永続的ということは手術等の治療がすべて行われ，さらに矯正眼鏡や老眼鏡程度の光学的矯正処置が完全に終了しても，回復が難しいと考えられる視機能の低下が残る場合を意味している。さらに，教育的および社会的な定義によれば，視覚障害とは何らの配慮を受けない状態で教育を受けたり，社会生活を送ると，かなりの程度の困難が生じる視覚機能の状態を指している（原田，1982）。

(2) 視力による視覚障害の分類

従来，視覚障害の程度は通常，視機能の中でも教育的・社会的に影響が大きいとされる視力によって分類され，さらに主として視力の程度によって就学区分も定められてきた。しかし福祉機器や情報機器の開発や普及によって，現在では従来型の区分は必ずしも適当とは言えず，特に就学区分については見直しがなされているところである（文部科学省，2001）。したがって，視覚障害の程度は視覚以外の他の感覚を主に活用して学習・生活する「盲」と，視覚に障害があっても視覚を活用して学習・生活することができる「弱視」の2つに分類するのが妥当であると思われる。

(3) 視覚障害の影響

視覚機能の損傷の時期や程度によって発達や教育，社会生活に与える影響は異なる。先天性の「盲」である場合，次のような活動の制限が生じることによって発達に影響を及ぼし，社会生活に不便をきたすと言われている。

1) 見て知ることができない　空間における物と自分との関係や，物と物との関係などをとらえることが困難なため，獲得する概念や知識が不正確になりやすい。また，視覚によらなければ理解できないもの（たとえば太陽や雲のように直接手が届かないものや，山や湖やビルディングのように大きすぎて全体を直接触れないもの，蟻などのように小さすぎて形がわからないもの，しゃぼん玉のように触ったら壊れたり形が変化してしまうもの，

ちょうちょなどのように舞ったり，動いたりしているものの様子，色彩など）は理解が不十分になる。
　2）視覚的に人の行動の模倣ができない　　動作の習得に時間がかかったり，困難がある。
　3）環境を的確にとらえることが困難がある　　自由に歩き回ったりする行動に制限がある。

　WHOによる国際障害分類改訂版（ICF）では，障害によって生じる「社会的不利」を「社会への参加の制限」と位置づけている。この観点から視覚障害者の一般的な社会への参加レベルをわが国の視覚障害者自身が評価した報告がある（後藤桃子，1998a）。その内容は身辺維持への参加，移動への参加，情報交換への参加，社会関係への参加，教育，仕事，余暇，および精神活動への参加，経済生活への参加，市民生活，共同体的生活への参加の7項であるが，各下位概念である約60の活動の中で，「社会への参加」に何らかの配慮をしなければ完全参加できない活動はその約3分の2に及んでいた。しかし，対人支援や援助によって完全参加できる活動や，製品，用具などを導入することによって参加が可能となる活動も多いことも明らかになった。一方，教育システムや社会的・政治的組織の改善がなされない限り完全参加が不可能な活動が多いことも示された（後藤桃子，1998b）。

(4) 視覚障害児の発達

　視覚に障害があっても，それだけで発達に重大な遅れをもたらすことない。「Our Blind Children」の著者ローエンフェルド博士は「盲幼児は，本質的に一般の子どもと同じ過程で発達する。しかし，彼らの学習方法は一般の子どものそれと同一ではないため，発達の速度が緩慢な場合もあるが，全体としては重大な遅れをもたらすことはない」と述べている。ただし発達の領域によっては，行動の獲得に長い時間を要するなど，細部では一般の子どもの発達とは異なる部分がないわけではない。また，視覚に障害をもつ子どもの中には，知的な障害や，中枢性の運動障害，てんかん発作等を合併する子どもが比較的多くみられる。このような障害は，子どもの発達にさまざまな影響を与えるので一概に論ずることは困難である。

　また，視覚障害の程度が同じであっても，後天的障害の子どもの発達は，障害を受けた年齢によって，ある行動の発達が，先天性の視覚障害児と異なる場合がある。加えて，弱視児の発達は盲児のそれと異なることも少なくない。

　以上のように，視覚障害児の発達は大きくは障害をもたない子どもの発達と同様であるが，同じ視覚障害であっても細部においては，視覚障害になった時期や，その障害の程度，合併する障害の有無やその程度等によって異なるため，対応に配慮が必要となる。

(5) 視覚障害の原因

　「全国盲学校及び小・中学校弱視学級児童生徒の視覚障害原因等調査研究」をもとにすると，1995年7月1日現在，盲学校在籍児童生徒を対象とした視覚障害原因は，視神経萎縮，網膜色素変性症，未熟児網膜症の順となっており，その割合は順に13.7，12.1，12.0パーセントとなっている。原田（1990a, b, c, 1991）によれば，脳疾患がある場合に

は視神経にも病変を生じさせることが多く，重症心身障害児においては視神経萎縮との合併率が15パーセントを越えるとしている。この事実は盲学校に在籍する重複障害児の増加を反映しているものと推定される。次に，網膜色素変性症は，多くは定形的色変とよばれ，遺伝関係が認められる場合が少なくない。未熟児網膜症は出産予定日よりもかなり早く，1,300g未満で出生した場合に生じやすい眼疾患である。その発生は網膜血管の未熟性と新生児の全身状態を改善するための高濃度酸素の投入によって生じる。

弱視学級に在籍する児童・生徒の視覚障害原因は，白内障（術後の無水晶体を含む）の占める割合が14.9パーセントで一番高く，次いで未熟児網膜症，視神経萎縮がそれぞれ10.1パーセント，9.6パーセントとなっている。

(6) 教育機関

視覚障害児の教育機関は，文部省初等中等教育長通達「教育上特別な取り扱いを要する児童・生徒の教育措置について」によれば，図2-1-1に示すように，盲学校，小・中学校の特別学級である弱視特殊学級，通常の学級となっている。

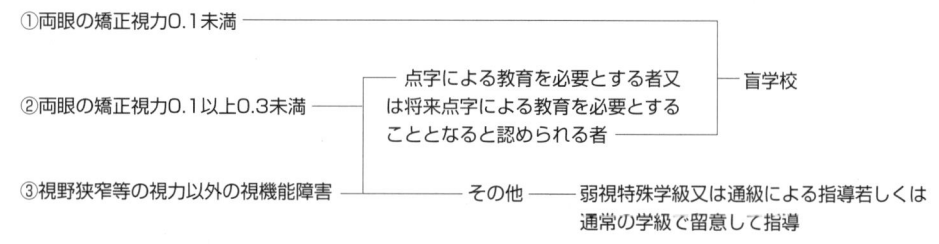

```
①両眼の矯正視力0.1未満 ─────┐
                          ├─ 点字による教育を必要とする者又 ─ 盲学校
②両眼の矯正視力0.1以上0.3未満 ─┘  は将来点字による教育を必要とする
                             こととなると認められる者

③視野狭窄等の視力以外の視機能障害 ── その他 ── 弱視特殊学級又は通級による指導若しくは
                                       通常の学級で留意して指導
```

図2-2-1　視覚障害の程度と就学区分

文部科学省の平成12年度特殊教育資料によれば，全国の盲学校数は71校であり，他の障害と比較して最も少なく，児童・生徒数も4,089人と最も少ない。その推移をみると，在籍する児童・生徒数は年々減少していることが示されている。また，重複学級在籍率は，1985年は26.6パーセントであったが，1990年度30.9，1995年度35.4，2000年度は41.9パーセントと年々増加しており，障害の重複化や重度化が問題となっている。次に弱視児に対する教育機関として位置づけられている弱視特殊学級は小学校87，中学校36に設置されており，それぞれ130人，44人が在籍しているが，弱視特殊学級を設置しても在籍する児童・生徒がいないために閉級したり，必要とする児童・生徒の居住する地域に弱視特殊学級を設置するなどの柔軟な対応がとられている。なお，通級による指導をうける弱視児は小学校で134人，中学校で12人となっている。

2. 盲学校における教育の特徴

(1) 盲学校教育の目的

　盲学校は幼稚園，小学校，中学校，高等学校に準ずる教育を行い，あわせて視覚障害を補うための知識・技能を習得させることを目的とした学校である。盲学校の多くは幼稚部，小学部，中学部，高等部を設置して視覚障害児のための一貫した教育を行っている。また，遠隔等の理由で通学できない児童・生徒のために，多くの場合寄宿舎が設けられている。

　盲学校では教育の目的を達成するために，以下に示すような点に特に留意して指導計画を作成することになっている。盲学校，聾学校及び養護学校幼稚部教育要領，小学部・中学部学習指導要領によれば，幼稚部においては，「幼児が聴覚，触覚及び保有する視覚などを十分に活用して周囲の状況を把握し，活発な活動が展開できるようにすること。また，身の回りの具体的な事物・事象や動作と言葉とを結びつけて基礎的な概念の形成を図るようにすること」となっている。また，小学部においては次の5項目が掲げられている。①具体的な事物・事象や動作と言葉とを結びつけて，的確な概念の形成を図り，言葉を正しく活用できるようにすること。②児童の視覚障害の状態等に応じて，点字または普通の文字の読み書きを系統的に指導し，習熟させること。なお，点字を常用して学習する児童に対しても，漢字・漢語の理解を促すため，適切な指導が行われるようにすること。③児童の視覚障害の状態等によって学習上困難をともなう内容については，基本の理解を促す事項に重点を置いて指導すること。④触覚教材，拡大教材等の活用を図るとともに，児童がコンピュータ等の情報機器を活用して容易に情報の収集や処理ができるようにするなど，児童の視覚障害の状態等を考慮した指導方法を工夫すること。⑤児童が空間や時間の概念を活用して学習場面の状況を的確に把握できるようにし，見通しをもって意欲的な学習活動が展開できるようにすること。

(2) 教科学習における特徴

　1) 指導法　　前述したように各教科の指導において，触覚や聴覚および保有する視覚を活用した指導方法を工夫する必要がある。盲児には点字による教科書や視覚以外の感覚を活用した教材や教具が工夫されている。また，弱視児には弱視レンズや拡大読書器の活用，個々人の見やすさに配慮した環境の設定，拡大教科書を使用するなどの工夫がなされている。近年ではコンピュータ等の情報機器を活用した学習方法が盛んに取り入れられるようになっている。

　2) 教科書，教材

　①点字教科書　　一般の検定教科書が必ずしも適当ではないため，文部科学省では特別な配慮のもとに教科書を作成している。盲学校で使用される点字版教科書は小学部では国語，社会，算数，理科の4教科，中学部では国語，社会（地理，歴史，公民の3分野），数学，理科（第1，第2の2分野），英語の5教科（8分野）である。その他に，小学部

では音楽，家庭，体育，中学部では音楽，技術，家庭，保健体育の各教科の点字教科書が使用されているが，これらは一般の検定教科書を点字出版社が編集・点訳して出版されているものである。

　②拡大教科書　　弱視児にとっての見やすさに配慮し，書体や文字サイズや行間隔，文字間隔を工夫した拡大教科書は，盲学校小学部（小学校弱視特殊学級を含む）用には，国語，算数，中学部（中学校弱視特殊学級を含む）用には，国語，数学の各教科が発行され使用されている。今後はコンピュータソフトの導入により，さらに個々人の視覚障害の状況に配慮した教材の作成が可能になるものと考えられる。

　③機器
　a.点字器，点字タイプライター　　点字は図2-2-2に示したように，縦3点，横2点の凸点の組み合わせによって文字を構成する。点字を書き表す器具として一般的に用いられるものは「点字板」とよばれ，標準的なものはB5サイズの木製で上部の器具で紙を押さえ，1点ずつを点筆といわれる器具で打てるように窓が開いた金属製の定規を定位置に固定して使用する。他に携帯用に小型のプラスチック製のものがある。点字タイプライターは，6点を同時に打つことが可能なため効率的である。また点字を下から打ち出すことにより，点字板を使用するときのように，左右を逆転させずに打つことができるものもある。

　b.レーズライター，シリコンレバー　　特殊な用紙を用いて，弾力性のあるゴム板の上に載せて，ボールペンのような筆記用具で描くと，描いた線が浮き上がり触覚的に確認できるように開発された器具である。シリコンレバーはレーズライターよりも簡便でより性能が高い代用品として使用されている。

　c.立体コピー，サーモフォーム　　立体コピー機は，特殊な用紙に原稿をコピーし，熱を加えることによって，黒い部分が盛り上がるため，図を簡便に作成することができる。サーモフォームは凸状に作成した原板の上にプラスチック製のシートを置いて，ヒーターでシートを軟らかくしたあと，空気を抜き，冷却すると原板と同じものが複製できる。地図や図形などの教材作成に適している。

　d.そろばん　　原理は一般のそろばんと同様であるが，操作しやすいように珠の代わりに平たいプラスチック製の弁がついていてそれを倒しながら使用する。また，さわって位取りができるように3桁ごとに凸点が打ってある。そのため筆算形式での計算が困難な視覚障害児にとって，計算器具としてだけではなく，算数科の教具として利用されている。

　e.定規等　　定規や分度器には凸点の目盛りがついており，点筆や筆記用具で確認できるくぼみがついているなどのさまざまな工夫がなされており，触覚だけでの作図が可能である。

　f.感光器　　光の明暗の変化を音の変化に変えて表示する装置である。受光器の先端のセンサーを測定したい部分に近づけることによって，理科の実験等で液体の色の変化等を知ることができる。

　g.オプタコン　　文字や図形のパターンを振動に変えて，触知板のピンでパターンを認識させる装置であるが，日本語のように画数が多く，パターンの複雑な文章の読みとりはなかなか難しいため，普及しなかった。

―――― 清音・濁音・半濁音など ――――

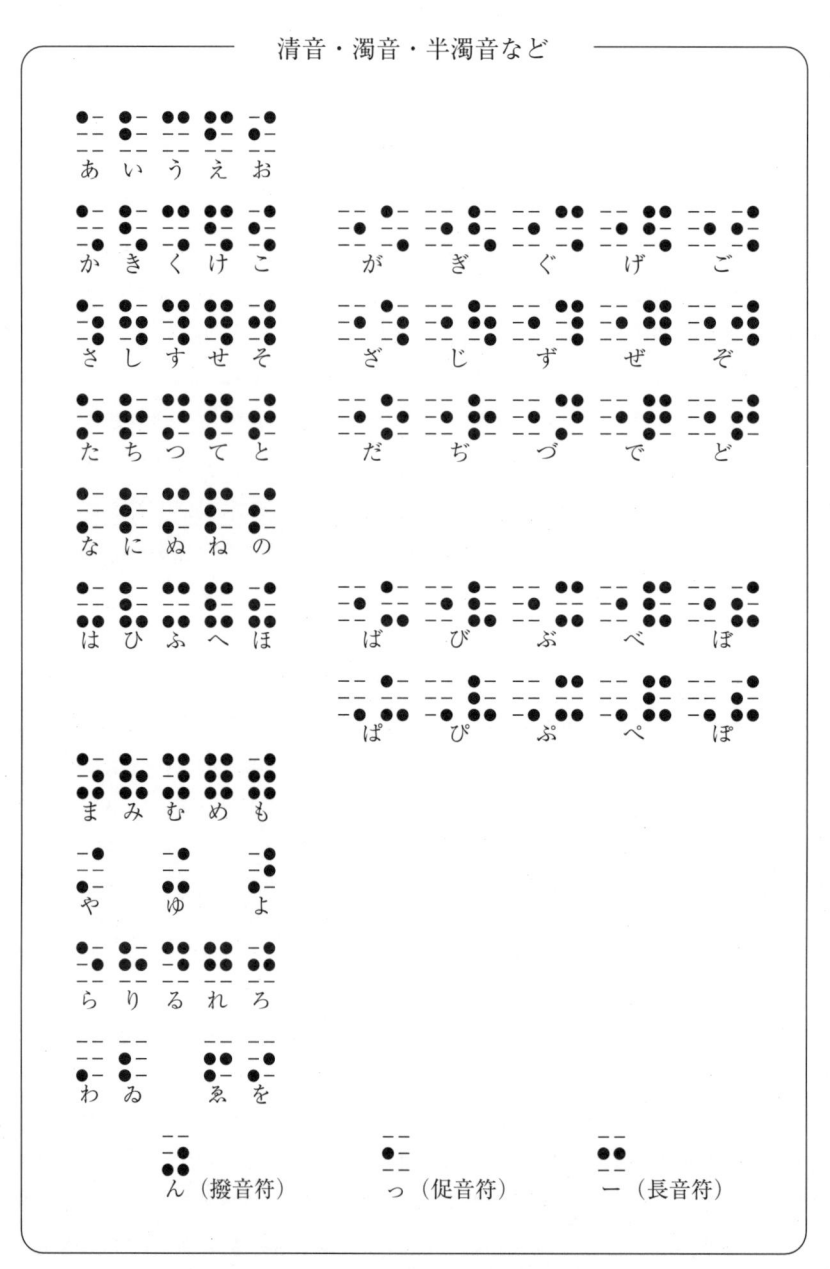

あ い う え お　　　　　　　　　　　　　　
か き く け こ　　が ぎ ぐ げ ご
さ し す せ そ　　ざ じ ず ぜ ぞ
た ち つ て と　　だ ぢ づ で ど
な に ぬ ね の
は ひ ふ へ ほ　　ば び ぶ べ ぼ
　　　　　　　　　ぱ ぴ ぷ ぺ ぽ
ま み む め も
や　ゆ　よ
ら り る れ ろ
わ ゐ ゑ を
ん（撥音符）　っ（促音符）　ー（長音符）

図 2-2-2　点字の記号一覧（凸面から）

h. 弱視レンズ　通常の眼鏡やコンタクトレンズでは視力が十分に矯正されない場合，対象を拡大して認知しやすくするために用いられるレンズを総称して弱視レンズという。遠方を見るためには双眼鏡型，単眼鏡型があり，近いところは主に手持ち型，眼鏡型，卓上型，スタンド型などがある。いずれにしても使用者の見え方や目的，使い勝手などの点から検討し機種を選択するとよい。

i. 拡大読書器　CCTV（Closed Circuit Television）ともよばれ，弱視レンズよりも高倍率での拡大により，強度の弱視者でも文字を読むことが可能になる場合が多い。拡大率を変えたり，背景画面と文字色を反転させたりなど，さまざまな機能をもった 20 機種以

上が製造されている。

　j.情報機器　　視覚障害者のための情報機器としてのパーソナルコンピュータの開発は日進月歩の勢いである。さまざまな機器が開発され，数多くのソフトウェアが売り出されている。その内容は点字と普通文字の変換，音声表示，画面の拡大，点字文書作成，点字プリンタ，自動文書朗読システムなどであり，これらの使用により視覚障害児の情報制限が格段に改善されたと言える。

(3) 自立活動の目的と指導内容

　障害の状態を改善・克服するための指導領域であった「養護・訓練」は，自立を目指した主体的な活動であることを一層明確にする観点から，名称を「自立活動」と改め，その目的を「個々の児童又は生徒が自立を目指し，障害に基づく種々の困難を主体的に改善・克服する」としている。その詳細については，盲学校，聾学校及び養護学校学習指導要領（文部省，2000）に記述されている。しかし，名称の変更があっても視覚障害児童・生徒に対してなされるべき内容は本質的に変らず，視覚という機能の障害によって生ずる教育上，社会生活上の活動制限を改善するものとなっている。広い意味での空間に関する情報の制限を改善するために，視覚以外の感覚の活用や保有する視覚の活用と，積極的な実体験を基礎とした指導事項が示されている。その項目は以下の通りである。

①触覚，聴覚，嗅覚，保有する視覚の効果的な利用と概念形成
②機器の活用方法
③身体軸や空間座標軸の形成と地理的空間概念の形成
④自立歩行と白杖使用および安全な歩行
⑤平面および立体的な表現
⑥身辺自立（食事，排泄，整容，整理整頓，調理，洗濯，清掃等）
⑦コミュニケーション（意思伝達と方法）
⑧点字，普通文字，コンピュータによる相互変換と情報処理
⑨障害の理解

3．有意義な体験を目指して

(1) 児童・生徒と関わる際の注意点

　一般的に，晴眼者が視覚障害を理解するため目隠しや，特殊なレンズを装用することで見えにくさを体験する学習が行われることが多い。しかしこれは突然視覚障害に陥ったときの混乱と大変さを体験することはできても，視覚障害児への望ましい対応方法を学ぶ上ではむしろマイナスになる危険性をもっている。つまり視覚障害者は誰かの手助けなしには多くのことをなすことができない，というイメージを与えてしまう可能性がある。また，視覚障害児は大変気の毒でかわいそうな存在であると認識してしまいやすい。この2つの先入観は視覚障害児に接する上で大きなマイナスである。わからないことがあり，手助けを求めているのではないかと判断されるときに，声をかけて手助けの必要があるかを問う

ことは望ましいことである。しかし、はじめからできないと決めつけて行動すると相手を正しく理解する機会を逸してしまい、適切な援助ができないばかりでなく、相手の自尊心を傷つけることにもなる。視覚障害があっても、慣れた環境で日常的に繰り返されることは、特別な要因がないかぎり、本人の力でできることが多いことを理解しておくべきである。

同じ程度の障害でも個々の能力や個性は異なっていることはすでに述べたが、事前学習を含め、盲学校の担当教師等の指導を受けて、児童・生徒の個々人についてできる限り正しい理解に努めることが大切である。

(2) 基本的な援助技術

視覚障害児を援助する場合、相手が理解できることばでいつもはっきり声に出して説明することや、理解できる方法でコミュニケーションをとるように留意すべきである。また、実際に手をとって教えることや、触れさせたり、体験させることが有効であるが、言語を理解している場合は、直接手をとって触れさせるよりは、ことばで説明して自分から触れるように勧める方がよい。無理に手を持って触れさせると拒否反応や警戒感を引き起こし、形態や材質などを知る上では逆効果となることが多い。また、すすんで体験したいという意欲を引き出すように、周りの状況を説明するなどの配慮が必要である。

(3) ガイドヘルプの留意点と実際

盲学校において、視覚障害児の介助を行う際に必要度が高いガイドヘルプについて、盲児を対象とした場合の留意点と実際を述べる。

ガイドヘルプとは、目的地まで安全に確実に誘導することである。しかし、盲学校においては視覚障害児が独力で目的地に到達できるようになることも教育目標のひとつでもあるため、安全に誘導するよりもむしろ本人が独力で安全に、確実に、すばやく目的の場所まで移動できる能力を高めるための指導をすることが大切である。そのため、はじめから誘導するのではなく、危険な時にいつでも手がさしのべられるように付き添い、必要に応じて必要な援助を行うとよい。

図2-2-3 誘導の基本

教室内において、独力で移動が困難と判断された場合には、できるだけ本人の手を壁面等に触れさせながら、ことばで説明を加えて誘導し、後日独力で移動できるための手がかりを多く提供するように配慮する。また、学校内の移動について誘導が必要な場合は、基本形（図2-2-3）で本人の片手（利き手）は壁面等に触れられるように自由にし、片手は誘導者の肘上を握らせ、誘導者は半歩前を進みながらことばでの説明を加える。狭い場所等で並んで通過する

図2-2-4 狭い通路の誘導

ことが困難な場合は誘導している手を背中に回し，盲児は1歩離れて誘導者と重なるようにして歩行する（図2-2-4）。階段の昇降は，階段の手前で一度止まって階段の昇降を伝えてから，誘導者が1歩先をゆっくり昇降し，盲児は壁や手すりに軽く触れながら昇降する（図2-2-5）。学校の引率の際は，安全に目的地に誘導することが主な目的となる。誘導者は車道側に位置し，基本形あるいは手をつなぐなどして危険を防ぐことが大切である。

図2-2-5　階段昇降の誘導

(4) 想定される学習課題

　指導を開始しようとするとき，その前提として，まず相手との信頼関係を築くことが大切である。初めて出会ったとき，笑顔でのあいさつはその垣根を取り外す一助となるものである。しかし，重度の知的障害と視覚障害を併せもつ児童・生徒の場合，この方法は必ずしも有効ではないため，信頼関係を築くことに困難が想定される。このような場合に，好きな遊びを展開して相手を引き寄せようとしがちであるが，初めはむしろ相手が楽しんでいる場面に自分が参加していくことで，自分の存在を受け入れてもらえるようにすることのほうが有効である。まず，相手の生活の中に違和感なく受け入れてもらえるようにすることを目標にすべきである。そのためには，そっと身体の一部を触れあう程度に傍らにいて，優しいことばで話しかけたり，必要な援助をするなどの方法をとることが望ましい。あせらずに継続することによって，次第に相手にとって心地よい存在となり，そういった基本的な信頼関係が生じることによって，相手から働きかけてきたり，あるいは手をとって誘導されることにも従ったり，楽しそうな笑顔を見せるなどの行動の変化がみられる。

　以上のように，初期の信頼関係をつくることに困難が想定される重い知的障害を併せもつ視覚障害児童・生徒にとって，訪問者は突然生活に介入しようとする侵入者にすぎないため，初めから自分が相手に何かをしてやろうと臨まずに，相手に受け入れてもらう努力をすることから指導が開始されることを念頭に行動することが大切であるはずである。

文　献

原田政美　1990a　眼疾患と指導上の配慮(4)　弱視教育，**27**（4）
原田政美　1990b　眼疾患と指導上の配慮(5)　弱視教育，**28**（1）
原田政美　1990c　眼疾患と指導上の配慮(7)　弱視教育，**28**（3）
原田政美　1991　眼疾患と指導上の配慮(10)　弱視教育，**29**（2）
原田政美　1982　視覚障害の定義　原田政美（編著）　視覚障害第2版　リハビリテーション医学全書12　医歯薬出版　pp.4-7
Lowenfeld, B.　1964　*Our blind children: Growing and learning with them.*　Charles C. Thomas
文部省　2000　盲学校，聾学校及び養護学校学習指導要領（平成11年3月）解説：自立活動編（幼稚部・小学部・中学部・高等部）海文堂出版

21世紀の特殊教育の在り方に関する調査研究協力者会議　2001　21世紀の特殊教育の在り方について（最終報告）：一人一人のニーズに応じた特別な支援の在り方について　文部科学省
後藤桃子　1998a　社会福祉援助への国際障害分類(改正案)の活用可能性に関する研究　日本社会事業大学社会事業研究所
後藤桃子　1998b　日本の視覚障害者の一般的な参加レベル：視覚障害者による評価　社会福祉援助への国際障害分類(改正案)の活用可能性に関する研究　日本社会事業大学社会事業研究所

推薦図書

香川邦生　2000　視覚障害教育に携わる方のために　改訂版　慶應義塾大学出版会
文部省　1984　視覚障害児の発達と学習　ぎょうせい
文部省　2000　盲学校，聾学校及び養護学校学習指導要領（平成11年3月）解説　海文堂出版

聾　学　校

1．聴覚障害児の理解

　聴覚障害とは，一般に聾（deaf）と難聴（hard of hearing）を包含する概念である。通常は，便宜的に重度の聴覚障害を聾，軽度から中等度の聴覚障害を難聴と呼ぶ。しかしこの両者は，以下に述べるような聴力レベル等の客観的な聴力の損失を示す基準によってだけはなく，当事者のアイデンティティ等の主観的なものにより，分けられることがあるので注意する必要がある。

　聴覚障害は，障害の部位が伝音系（外耳と中耳）にあるのか感音系（内耳および聴覚中枢）にあるのかによって，大きく伝音性難聴と感音性難聴とに分けられる（図2-3-1）。伝音性の場合，音やことばが小さくしかも遠くで聞こえる感じがするのに対して，感音性の場合は小さく聞こえるだけでなく，歪んだり割れたりして聞こえる。聾学校に通学する子どもは，そのほとんどが感音性難聴である。

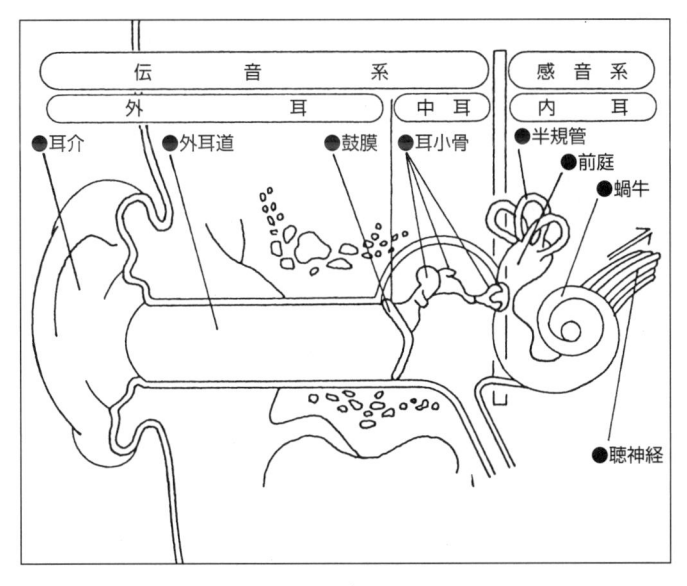

図2-3-1　伝音系と感音系（岡本，1995）

　聴覚障害の原因は，伝音性難聴では慢性中耳炎，鼓膜損傷等である。一方，感音性難聴では，遺伝性のもの，先天性風疹症候群のような母体の妊娠中の感染によるものがある。

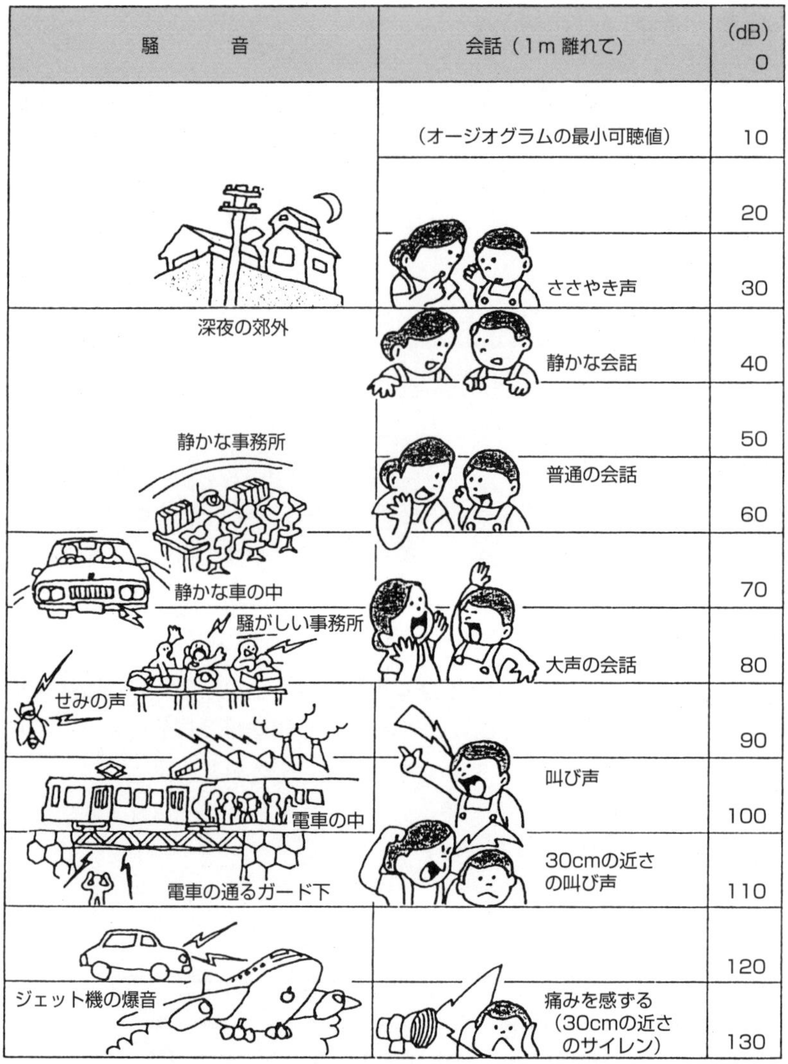

騒　　音	会話（1m 離れて）	(dB)
		0
	（オージオグラムの最小可聴値）	10
		20
	ささやき声	30
深夜の郊外	静かな会話	40
		50
静かな事務所	普通の会話	60
		70
静かな車の中		
騒がしい事務所	大声の会話	80
せみの声		90
	叫び声	100
電車の中		
電車の通るガード下	30cmの近さの叫び声	110
		120
ジェット機の爆音	痛みを感ずる（30cmの近さのサイレン）	130

図 2-3-2　聴力レベル（dB HL）と会話や騒音の大きさ（dB HL）　（岡本，1995）

一般に，1,000人の出生に約1人の割合で遺伝性難聴が出現すると言われている。

　聴力の損失の度合いは，聴力レベル（Hearing level: HL）で表される。聴力レベルはデシベル（dB）を単位として表示される。図2-3-2から，静かな会話が聞こえにくい人は30～40dBの難聴（軽度難聴）と考えてよい。平均聴力レベルとは言語音の聞きとりと関係ある，500Hz，1,000Hz，2,000Hzにおける聴力レベルの平均値である。図2-3-3に，WHOの平均聴力レベルによる聴覚障害の程度を記す。

　聴覚障害児の実像は聴力レベル，教育の開始年齢，家庭的条件等により実にさまざまである。学齢期の聴覚障害児の教育の場としては，聾学校，小学校および中学校に設置されている難聴特殊学級，通常の学級に在籍し週に1～2時間程度の指導を受ける通級指導教室の3つがあげられる。この中で聾学校での教育の対象となる児童・生徒の障害の程度は，学校教育法施行令第22条の3，および「教育上特別な取り扱いを要する児童・生徒の教

育措置について」(文部省初等中等教育局長第309号通達 (1978年, 1988年改正) により定められている (図2-3-4)。しかし, これは原則的基準であり, 実際には難聴特殊学級や通級指導教室においても聴力レベルの100dB以上の子どもが学んでいる。一方, 聾学校には, 聾の子どもが多いが, 重複した障害をもっていたり, 家庭の条件等により60〜70dB程度の中等度の障害をもつ聴覚障害児も在籍している。

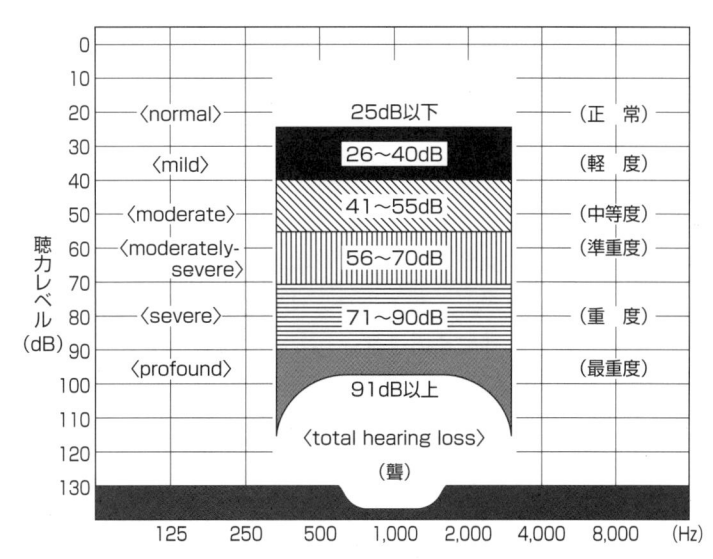

図2-3-3 WHOによる聴覚障害の程度 (中村, 1998)

聴覚障害児の中でまったく聴覚を使うことができない, いわゆる全聾の子どもは少ない。近年聾学校に通う子どものあいだでは, 耳掛け型補聴器がよく用いられている (図2-3-5)。多くの子どもは, ひとりひとりの聴力の状態に合わせて調整された補聴器を装用することにより, ある子どもにとっては音声言語理解への有力な補助手段として, 別の子どもにとっては交通安全等の身を守るための手段として残存聴力を活用している。しかし, 補聴器による残存聴力の活用の度合いには個人差が大きく, 乳幼児期から補聴器を装用することで1対1のやりとりにはほとんど不自由がないほどの補聴効果を得られる場合もあれば, 特に聴力低下が重い子どもの場合には, 本人が装用する意義を感じられず装用を中止する場合もある。

近年新たに開発された人工内耳は, 100dBを越える難聴があり, 補聴器を使用してもまったく会話音を理解できない子どもの場合にのみ, 希望があれば適応される (図2-3-6)。人工内耳は, 成人の中途失聴者に対してだけでなく, 近年幼児期の適応例が増加している (加藤, 2000)。人工内耳手術後は中等度の難聴となるが,

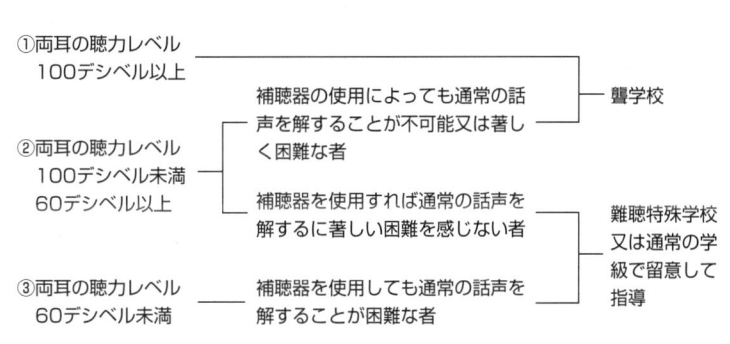

図2-3-4 障害の程度と教育の場 (草薙, 1996)

図2-3-5 耳掛け型補聴器 (大沼, 1997)

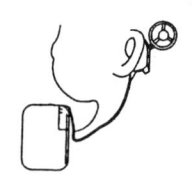

図2-3-6 人工内耳 (大沼, 1997)

聴覚活用の学習を十分に行う必要があるため，引き続いて聾学校等の専門機関において教育を受ける必要がある。

2．聾学校における教育の特徴

　現在，多くの聴覚障害児は，早ければ1歳，通常は2歳代という早期から教育を受けている。0，1，2歳代では，難聴幼児通園施設やクリニックに通う子どももいれば，その段階から聾学校の提供する「教育相談」に通う子どももいる。聴覚障害は出現率が低いため専門の教育を受けられる専門機関が少なく，親子で片道3時間かけて通うことも珍しくない。聾学校の「教育相談」においては，遊びを中心にした親子間での情緒豊かなコミュニケーションにより，親子関係の基礎をつくることが重視される。この時期には，直接子どもを教育するというより，両親への援助が基本となる。

　聾学校における学校教育は，3歳児から3年制の幼稚部において始まる。幼稚部では「盲学校，聾学校及び養護学校幼稚部教育要領」に基づいて，年齢別の学級での一斉指導を中心に，幼稚部全体での活動や個別指導（主に発声・発語と聴覚活用の指導を行う）を実施している。

　幼稚部を修了後は，小学部，中学部，高等部（専攻科）が設置されているが，それらがすべて同じ敷地内にある聾学校もあれば，中学部までの聾学校，あるいは高等部単独の聾学校もある。

　いずれにおいても聾学校の教育の特徴としてあげられるのは，多様なコミュニケーション手段を用いる点である。以下に，代表的な2つのコミュニケーション方法について記す。

　聴覚口話法は，読話（発話者の口と顔の動きから話を理解すること）と聴覚の活用を基盤にした発語方法である。聴覚口話法の補助手段として，乳幼児期の動作による表現，主に幼稚部から小学校低学年において用いられるキュー・サイン（母音は5つの口形で表し，子音は50音の各行ごとに1つのサインで表す）等がよく用いられる。

　手指法は，手話および指文字を用いる方法である。手話には音声言語（日本語）の単語を1対1で対応させながら手指で表現する「日本語対応手話」と，独自の文法をもち音声言語（日本語）との併用を前提としない「日本手話」（JSL）がある。一方，指文字は，五十音文字に対応して，その文字を手の形や動きで表すもの（文字対応）で，一般に手話にない言葉や固有名詞を表すのに用いられる（図2-3-7）。

　現在多くの聾学校では，幼稚部，小学部では聴覚口話法を基本としながら，中学部以上では手話や指文字を併用した授業を行っている。その一方で近年，幼稚部の段階から手話を取り入れようという実践が広がりつつある状況にある（森井，2001）。

　聾学校での教育は各教科，道徳，特別活動，総合的な学習の時間，自立活動からなっている。このうち自立活動以外は小学校・中学校・高等学校の教育に準じて行われる。聾学校では，子ども同士がお互いの発言がわかるよう配慮された机の位置，少人数教育等，通常の学校との学習環境における違いが顕著にみられる。しかしながら，どの教科を学習する場合でも，言語力の問題に深く根ざした国語の学力不足が他の教科学習にも影響を与え

日本の指文字

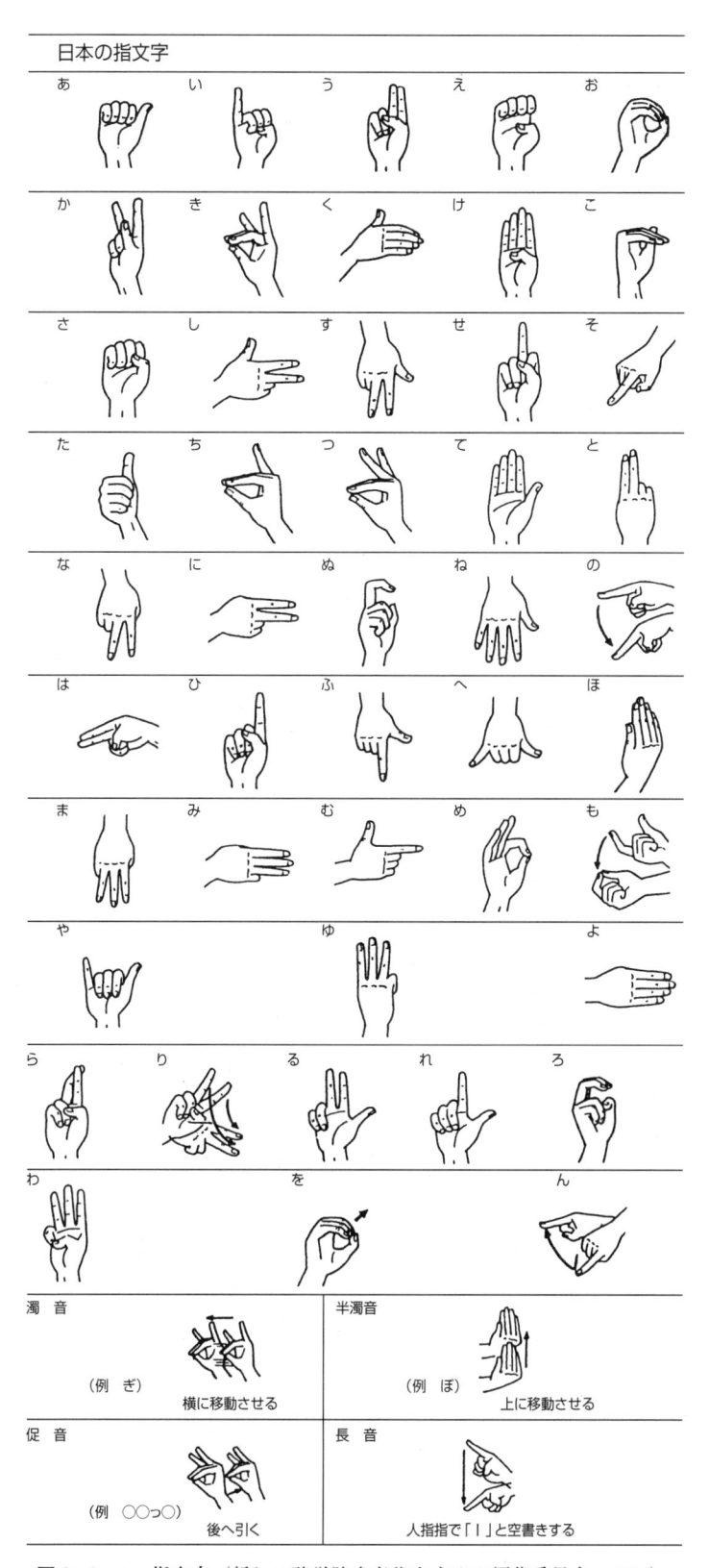

あ	い	う	え	お
か	き	く	け	こ
さ	し	す	せ	そ
た	ち	つ	て	と
な	に	ぬ	ね	の
は	ひ	ふ	へ	ほ
ま	み	む	め	も
や	ゆ	よ
ら	り	る	れ	ろ
わ	を	ん

濁音 （例 ぎ） 横に移動させる

半濁音 （例 ぽ） 上に移動させる

促音 （例 ○○っ○） 後へ引く

長音 人指指で「|」と空書きする

図2-3-7　指文字（新しい聴覚障害者像を求めて編集委員会，1995）

がちである。

　自立活動の内容は，コミュニケーション上の困難の軽減を目的とした発声・発語指導や聴覚活用，手話や指文字の習得が中心となる。この他に，障害認識や受容等があり，個々の児童・生徒の聴覚や発達の条件に即して個別指導計画が立てられている。

　高等部は3年間の本科と，その上にさらに2年または3年の教育を施す専攻科からなる。どちらにも普通科・被服科・産業工芸科が多いが，専攻科では歯科技工科もみられる。卒業後の進路としては，一般企業等への就職の他，1987年に開学した視覚障害者と聴覚障害者のための，高度な職業人養成を目的とした短期大学である筑波技術短期大学への進学，その他の専門学校や大学等への進学がみられる。

　わが国には，2000（平成12）年現在，聾学校は107校ある。全体として聾学校の児童・生徒数は年々減少している。それに対して聾学校における重複障害児が占める割合は年々高まっている。特に多いのは，聴覚障害と知的障害を併せもつ児童・生徒である。これらの子どもに対しては学年の枠を越えて独立した学級が設置されていることが多い。重複障害児童・生徒に対しては，コミュニケーション手段の選択の幅を拡げて，その子どものニーズに応じた指導を行う必要がある。また，これらの生徒に対しては卒業，就労後も支援を継続する必要があることが指摘されている（石井, 2001）。

3．有意義な体験を目指して

　テレビドラマで聴覚障害者に扮した女優にあこがれのような気持ちをもった人もいるかもしれない。しかし，ドラマと現実は異なる。そして，実際には現実の方が面白いこともある。

　聾学校の児童・生徒は，重複障害児童・生徒をのぞいては，直接的な介護や支援を必要としない。むしろ，彼ら自身が高齢者の施設等で介護体験を行っているほどである。聾学校での介護等体験において聴覚障害者への支援を行うという考えは，ここではいったん捨て去る必要がある。このような意味から聾学校での介護等体験は，通常の授業日よりは土・日曜日に行われる学校行事に参加し，児童・生徒と共に作業しながら行う方が収穫が多い。

　聾学校における介護等体験では，自分と異なる情報の入力回路とコミュニケーション方法をもつ人々の，「きこえない世界」を知ることに重点をおくことがのぞましい。では，短い体験期間中にどのように「きこえない世界」を知ることができるのであろう。ここでは，そのヒントとなる事柄を質問形式であげてみた（表2-3-1）。

表2-3-1　「きこえない世界」を知るためのヒントとなる事柄

- 聾学校の児童・生徒は，目をそらすことなく発言者である先生や生徒を見つめる。それはなぜだろう。また，先生は全員が自分の話を聞く（見る）ためにどのような配慮をしているか。
- 聾学校の児童・生徒の多くは，幼稚部のときから同じ友だちと学習し生活してきている。彼らにとって友だち関係は，どのようなものだろうか。

「きこえない世界」を少しでも知ることができたら，あとは聴覚障害者だからといって特別なことは何もない。聾学校の児童・生徒は，健聴の児童・生徒とまったく同じように，思春期になれば，夢も悩みもあり，ときには非行もみられる。

聾学校の児童・生徒が聴覚に障害をもつために，音楽を楽しめないだろうという考えは間違っている。彼らの多くは，それぞれの方法で音楽を楽しむ。中には，カラオケを楽しむ生徒もいる（太田・加藤，2001）。

介護等体験に参加する前に，手話を知らないということで心配する必要はない。第2節で述べたように，聾学校の児童・生徒の全員が手話を知っているわけではない。コミュニケーションは，本当に伝えたいという気持ちがあれば，成り立つものである。動作と表情を豊かに，伝えてみよう。聾学校には，黒板もある。ノートを使うことだってできる。立ったままで文字を書いてみせる（空文字）という方法もある。

介護等体験が終わってから，聾学校の児童・生徒の将来の姿を考えてみるのもよいだろう。彼らの中には一般の小学校，中学校，高等学校に入学したり，中には一般の大学に進学する者もいる。自分の後輩として大学に入学してきたら，聾学校と大きく異なる大学の授業を，聞こえない後輩はどうやって受けるのだろうか。そのときには，どんな支援が必要だろうか。

聾学校の生徒の多くは，成人してからも，聾者スポーツ，聾者同士の結婚，聾者の団体活動等にみられるように，聾者同士のつながりを大切にした生活を送る。今回の聾学校における介護等体験を通して，「きこえない世界」の存在を知り，それを尊重した上で自分自身を見直す機会として生かしてほしい。

文献

新しい聴覚障害者像を求めて編集委員会(編)　1995　新しい聴覚障害児像を求めて　全日本ろうあ連盟出版局

石井雅臣　2001　聾学校高等部における就労支援について：外部諸機関との連携とろう重複のある生徒への支援を軸として　熊聾教育，**11**，134-155.

加藤慶子　2000　人工内耳装用児を受けとめるろう学校をめぐる諸問題　手話コミュニケーション研究，**35**，19-23.

草薙進郎・四日市章(編)　1996　聴覚障害児の教育と方法　コレール社

森井結美　2001　乳幼児期からの手話使用：その成果と課題　手話コミュニケーション研究，**41**，10-15.

中村公枝　1998　難聴児のことばの問題　笹沼澄子(監)　大石敬子(編)　入門講座/コミュニケーションの障害とその回復［全2巻］子どものコミュニケーション障害　大修館書店

岡本途也　1995　こどもの難聴：医学編　トライアングル

大沼直紀　1997　教師と親のための補聴器ガイド　コレール社

太田康子・加藤靖佳　2001　聴覚障害生徒の音楽活動に関する実態調査　ろう教育科学会第43回大会資料集　43-46.

推薦図書

全日本ろうあ連盟　1998　聞こえないってどんなこと　一橋出版

中野善達・吉野公喜　1999　聴覚障害の心理　田研出版

知的障害養護学校

1. 知的障害児の理解

知的障害とは何か

　知的障害とは出生前後の何らかの要因によって脳の成熟が影響を受け「考える」「判断する」「記憶する」などの知的機能が困難になる障害である。

　その結果，学習場面においては，いわゆる「話す」「読む」「書く」「計算する」の習得には，普通の子どもと比較すると時間がかかり，障害程度が重くなると，非常に困難となることもある。

　1）「知的障害」という用語　　知的障害についてはこれまで歴史的，時代的にさまざまな呼称が使用されてきた。1960年代には，多くの国で mental deficiency という用語が用いられていた。日本語では精神薄弱と訳され，社会福祉および特殊教育の領域において近年まで使用されてきた。

　しかしながら，この用語は，その人の精神全体が薄弱で，欠陥があるかのようなニュアンスをもつために現在では世界的にも使われなくなり，かわって intellectual disabilities（知的障害）という用語が使用されることになった。わが国では，1999年4月に社会福祉ならびに特殊教育等の関係法律の用語が精神薄弱から知的障害に改められた。

　なお，学術用語としては米国を中心に mental retardation（精神遅滞）という用語が使用されることがあるので注意を要する。

　2）知的障害の国際的な定義　　知的障害の定義としては，米国精神遅滞学会（AAMR）によるものが，世界的にひろく受け入れられている。AAMRが1992年に出版した第9版のマニュアルでは「知的障害は，現在の機能における実質的な制約を受けていることをいう。知的機能が有意に平均以下であり，そのために同時に以下に示す適応スキルにおいて2つ以上の制限をもつものである。適応スキルの領域とはコミュニケーション，身辺処理，家庭生活，社会的スキル，地域資源の利用，自己管理，健康と安全，実用的な教養，余暇，労働である。それが18歳以前に現れるものをいう」と定義している。

　次に，知的機能と適応スキルを中心にAAMRの定義について述べる。

①知的機能　　知的機能については次の2つの条件が示されている。

　a．現在の知的機能が同年齢の児に比して低いこと

　知的機能の程度は，標準化された知能検査によって測られた知能指数（IQ：intelligent quotient）で判断される。このときの知能指数は，検査を受けた子どもの得点が，標準化の手続きにおいて使用された同一年齢集団の得点分布のなかで，どの位置にあるのかを示す指標である。知能指数（IQ）の平均は100であり，臨床的にはマイナス2標準偏差（おおむねIQ70〜75）を目安に，それを下回る場合には知的機能に遅れがあると判断する（同一年齢集団人口の2.2パーセント）。なお，知的機能の評価ではビネー式知能検査とウェクスラー式知能検査が世界的にひろく利用されている。

　b．知的機能の遅れが発達期（おおむね18歳まで）に生じていること

　AAMRの定義では上記の知的機能の遅れが発達期，すなわち18歳以下におきた場合に限定している。これは，成人期以降に発現する痴呆による知的機能の低下と知的障害を区別するために設けられたものである。

②適応スキル　　現在の適応スキルに制約が認められること。

　AAMRでは従来から知的障害の条件として知的機能に加えて適応行動の遅れをあげていた。1992年のマニュアルではそれまでの適応行動を適応スキルに改め，コミュニケーション，身辺処理，家庭生活，社会的スキル，地域資源の利用，自己管理，健康と安全，実用的な教養，余暇，労働という，具体的な10領域のうちの2領域以上で制約が認められる場合に，その個人の適応スキルに実質的な制約があると評価する。

　なお，知的障害者における知的機能（知能）と適応スキルをWHOのICFに照らし合わせるならば，知的機能の遅れは機能障害(impairment)，労働を除く適応スキルは活動の制限(limitation of activity)と位置づけることができよう。

　さらに，知的障害の程度については，1992年のマニュアルでは従来の知能指数に基づく「軽度」「中度」「重度」「最重度」を改め，機能（functioning）に基づくにサポート・ニーズの観点から「intermittent」（一時的：必要に応じて提供されるサポート），「limited」（限定的：継続的ではあるが期限が限定されるサポート），「extensive」（長期的：限られた場で期限を限ることなく（毎日）提供されるサポート），「pervasive」（全面的：あらゆる場で一貫して，（職員によるケアが）集中的に提供されるサポート）の4種に分類し直した。

　ここでは，サポート・ニーズを決定する機能が個人の資質（知的機能と適応スキル）と個人の生活する環境（家庭，仕事，学校）との相対的な関係によって決定されることに十分注意する必要がある（図2-4-1）。

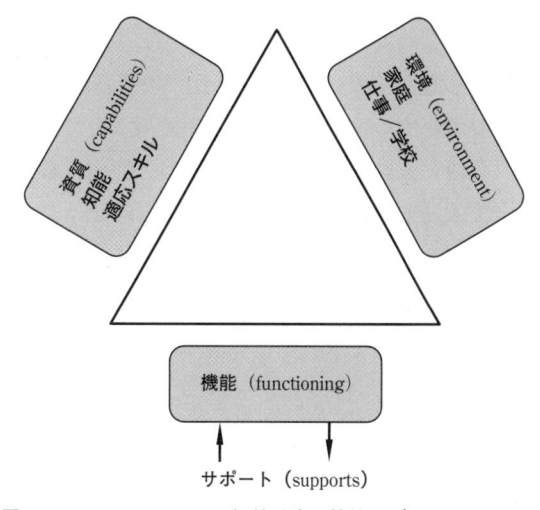

図2-4-1　AAMRによる知的障害の機能モデル（茂木，1999）

3）わが国の定義　　一方，わが国の法律では，知的障害に関する明確な定義はない。よって，わが国ではこれまで調査等の必要に応じて，おおむね知的機能と適応行動（適応スキル）の状態の両者を勘案して，実際的な定義づけがとられてきた。

たとえば，厚生省が実施した精神薄弱児（者）調査（1995年）では，「知的機能の障害が発達期（おおむね18歳まで）に現れ，日常生活に支障が生じているため，何らかの特別な援助を必要とする状態にあるもの」という定義が使用されている。さらに，同調査では知的障害の程度を4段階，（IQが20以下，21～35，36～50，51～70），日常生活能力（自律機能，運動機能，意志交換，探索操作，移動，生活文化，職業等）の程度を4段階に分け，その組み合わせによって最重度知的障害，重度知的障害，中度知的障害，軽度知的障害に分類している。

一方，特殊教育における定義としては，文部省初等中等局長通達（第309号）により，「軽度の知的障害とは，日常に差し支えない程度に身辺の事柄を処理することができるが，抽象的な思考は困難である程度のもの（IQ50から75の程度）」「中度の知的障害とは，環境の変化に適応する能力が乏しく，他人の助けによりようやく身辺の事柄を処理することができる程度のもの（IQ20ないし25から50の程度）」「重度の知的障害とは，ほとんど言語を解さず，自他の意志の交換および環境への適応が著しく困難であって，日常生活において常時介助を必要とする程度のもの（IQ20ないし25以下のもの）」とされている。

2．知的障害児教育の特徴

知的障害養護学校

1）知的障害養護学校の現状　　すべての児童は教育を受ける権利をもつという憲法第26条と教育基本法第3条のもとで，また，養護学校の設置義務が学校教育法第74条で定められている。養護学校数は養護学校義務制が実施された1979（昭和54）年以後増加し，就学猶予・免除者数は激減することになった（図2-4-2）。

1974年，筆者は愛知県心身障害者コロニーの研究所に赴任し，知的障害児入所施設で2年間重度の知的障害のある子どもの治療に携わった。当時は，重度の知的障害をもつ子ども達は学校に行くことができず，家族支援の制度がほとんどない中で，親は重度の知的障害をもつ子と終日家庭の中で過ごしていた。親の養育が不可能になると子ども達は入所施設に入れられた。施設職員は，懸命に援助したが，入所児童数が多く，問題行動をもって入所した子どもも多いために，子ども達は起床，排泄，食事，散歩，就寝の決まりきった日課を集団で行い，時には数十人が一日の多くを一室に集められて無為に過ごすようなことも見受けられた。このような状況がしばらく続いた後，地域に養護学校が設置され，子ども達が学校に行けることになった。養護学校の設置によって，子ども達は教育を受けることができ，親は子どもが学校に行くことで，時間的にもゆとりをもてるようになり，入所施設に預けなくともすむようになったのである。

知的障害児の教育の場は特殊学級と養護学校に分けられる。2000年現在，特殊学級は小学校に10,913学級（31,558人），中学校に5,518学級（17,154人）が設置されている。

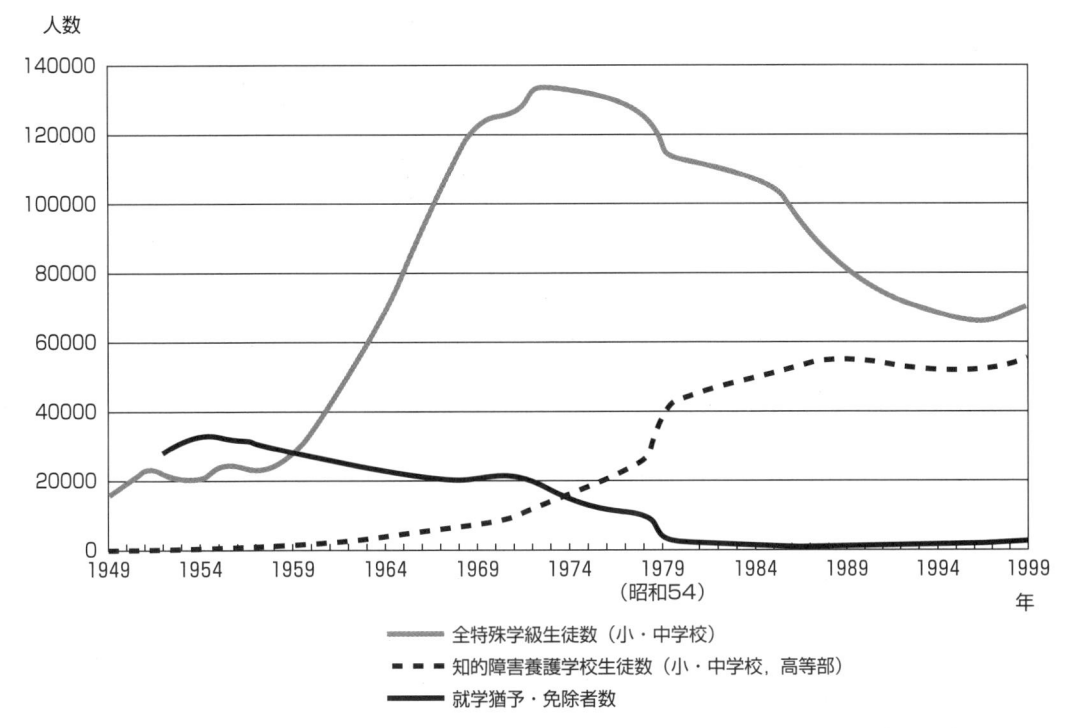

```
人数
140000
120000
100000
 80000
 60000
 40000
 20000
     0
    1949  1954  1959  1964  1969  1974  1979  1984  1989  1994  1999
                            (昭和54)                              年
```

―――― 全特殊学級生徒数（小・中学校）
------ 知的障害養護学校生徒数（小・中学校，高等部）
━━━━ 就学猶予・免除者数

図2-4-2　知的障害養護学校および特殊学級の生徒数と就学猶予・免除者数の推移

養護学校では，幼稚部48人，小学部16,670人，中学部12,847人，高等部27,513人，計57,078人が教育を受けている。

　1979（昭和54）年には養護学校等の教員が家庭・病院・社会福祉施設等を訪問して教育を行う「訪問教育」制度が実施された。2000（平成12）年度からは養護学校等の高等部でも訪問教育が実施されている。2000年現在，高等部では878人が訪問教育を受けている。

　2）**知的障害養護学校における教育の内容**　　知的障害養護学校における教育の内容について生活単元学習と就学相談，進路支援の3点からその特徴をみてみよう。

　①**生活単元学習**　　生活単元学習とは，子どもの興味や関心をひく事柄をテーマとして設定し，その活動の中で子どもが主体的に取り組み，自分の力を発揮できるように考えられた学習の形態である。養護学校ではこの生活単元学習による教育について数十年の歴史があり，教師側の主体的な計画の中で，ひとりひとりの生徒に対して，教科の内容も含めて児童の自立，社会参加，地域における活動等の生活全体を視野に入れた取り組みがなされている。

　たとえば，「七夕祭り」という生活単元学習では，大きな紙を切って，短冊を作ったり，短冊に書いたり，短冊を数えたり，近所の家に竹をもらいに行ったり，竹を切ったり，きれいに飾り付けができたときに父兄を招待したり，という活動が数ヶ月の間継続して行われる。「祭り」をテーマにした単元学習では，児童生徒会が祭りを企画し，ポスターやちらしを作り，地域に配布し，親の会の活動も交えて地域の中の恒例行事とすることで地域

とのつながりを深め，障害をもつ子どもの社会参加へとつながっている。

　子どもがもっとも活動しやすい時間帯に生活単元学習の時間を設定し，テーマにそって数ヶ月間，あるいは年間を通して継続することもある。このような授業形態によって，子どもはそれぞれに自分のもっている力に応じて多様な活動に参加することができる。受動的に教科の授業を受けるのではなく，自分のできることを自発的に行い，その結果，成し遂げたという成就感を体験することになる（発達の遅れと教育，1999，2001）。

　②就学相談から進路支援まで　「21世紀の特殊教育の在り方について」は，障害のある子どもを生涯にわたって支援すること，自立と社会参加を大切にすることをうたっている。

　このことは，学校教育が学校の中だけで行われるのではなく，親や地域の人々も一緒に参加して実施されることが望ましいことを改めて強調している。高等部に進学する児童は年々増加し，2000年には養護学校中学部卒業生のうち，4,015人（93.5パーセント）が高等部に進学している。多くの子ども達は12年間という長い期間を養護学校の中で過ごすことになった。人生の大事な12年間をできる限り地域社会の一員として，地域に密着した教育を受けることができるような支援体制が望まれる。

　学校教育が地域との連携を深めるには，親との協力が必要である。欧米では，教師は親との関係をパートナーシップとしてとらえ，就学相談や個別指導計画に親が参加し，教師と共に児童の教育に取り組んでいる。そうすることによって地域社会の中で子どもが成長するときに必要なことを，親が教師と一緒に考えることができる。わが国では依然として教師は学校で，親は家庭でと分離する傾向が強い。土，日が休みとなり，余暇時間が増えるにつれて，障害のある子どもの地域活動への参加，あるいは学校の地域への開放などがより重要な課題となるであろう。子どもは，学校を卒業した後長い年月を地域で生活することになる。学校を卒業して地域で就労するときにも，実習期間を長くすることや通勤寮や雇用支援センターなどの福祉，労働関係施設と学校との連携を一層深め，学校と地域とのより密接な関係を構築する必要がある。

　今後は学校運営連絡協議会の運営などによって，さらなる地域に「開かれた学校」の実現に向けての努力が必要であろう。

3．有意義な体験を目指して

(1) ひとりひとりが，それぞれに大切にされること

　知的障害の児童は同年齢の通常の児童と「比較」すると知的な発達に遅れがみられる。特に抽象的な概念を理解する力が弱く，そのため言葉の発達も通常の子どもと比較すると遅れる。しかしながら，これらの遅れは，通常の児童と「比較」する場合に起こるのであって，知的障害のある児童ひとりひとりをみれば，それぞれのペースで学習し，発達していくのである。その意味では，この人々たちをゆったりと発達する人々と呼ぶこともできる。

　社会はさまざまな人々によって構成されており，それぞれがそれぞれの人生を生きており，どの人も尊重されるべきである。ゆったりとした発達をしている人々と，発達の速い

人々を較べて、どちらの価値が高いと決めつけることはできない。障害を個性と呼ぶ人もいるように、それぞれが違うのである。このことが、知的障害のある児童を理解しようとするときの大前提である。

(2) 相手の立場に立つこと

　知的障害は、既に述べたように、抽象的な概念を操作することの困難さであり、これは言葉を理解することの難しさでもある。

　重度の知的障害のある子どもが難しい言葉で話しかけられるときに感じる困難は、私たちが言葉のまったく通じない外国で何かをたずねられたり、たずねたりしなければならない状況を想像してみると、多少、理解できるかもしれない。道をたずねたり、レストランで食事を注文する時、私たちはおそらく身振り、手振りあるいは絵や写真を用いて伝えようとする。相手の反応に対しても、相手の「表情」や「振る舞い」を手がかりに理解しようとするだろう。このように、重度の知的障害児とのコミュニケーションでは、伝えるときには自分の「表情」や「視線のきびしさ、おだやかさ」「声の調子」「身体の位置や動きの速さ」等に十分に気を配ることが重要である。

　障害のある子どもが、相手からの要求をなかなか理解できないために起こした行動が、周囲の人からは「おかしな行動」や「問題行動」と誤解されることがある。たとえば、子どもは、自分に理解できない言葉で、繰り返し質問されると、自分の頭を叩いたり、奇声を発したり、時には攻撃的になることさえある。その行動は、不可解で、治療の対象となる問題行動であるように受け取られることがあるが、問題なのはその子どもがわかるようにコミュニケーションをとれない大人の側である場合が多い。

　また、子どもとコミュニケーションをとりにくい時は、その子どもと長いつきあいのある親や教師、あるいは友だちに助言を仰ぐことも大事である。相手の立場に立ってみることの大事さを障害のある人々は教えてくれる。

文　献

アメリカ精神遅滞学会（茂木俊彦監訳）　1999　精神遅滞（第9版）　学苑社
発達の遅れと教育　1999　特集　新発見－生活単元学習　pp.4-47.
発達の遅れと教育　2001　特集　生活単元学習の学校生活　pp.4-23.
日本知的障害者福祉連盟（編）　1999　発達障害白書－2000年版－　p.87.
手塚直樹・青山和子　1998　知的障害児・者の生活と援助（介護福祉ハンドブック）　援助者へのアドバイス　一橋出版

推薦図書

昇地勝人他（編）　2001　障害特性の理解と発達援助　ナカニシヤ出版

肢体不自由養護学校

1. 肢体不自由児の理解

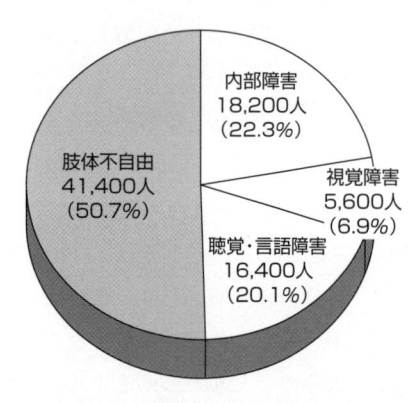

図2-5-1 障害の種類別にみた身体障害児数

- 内部障害 18,200人（22.3％）
- 視覚障害 5,600人（6.9％）
- 聴覚・言語障害 16,400人（20.1％）
- 肢体不自由 41,400人（50.7％）

資料 障害者のための福祉2001，中央法規 p.3より

(1) 肢体不自由とは

肢体とは，四肢と体幹のことを指す。四肢とは，上肢（肩から手の指先まで）と下肢（股関節から足の指先まで）のことであり，体幹とは，頸部から腰部までつながる脊椎と肋骨，骨盤で構成される胴体のことである。すなわち，肢体不自由とは，上下肢もしくは体幹に運動機能・感覚機能の障害がみられる状態のことである。

それでは，肢体不自由があると日常生活においてどのようなことが不自由となるか。たとえば，上肢に障害があると食事，更衣，学習，作業，用便の始末などの日常生活動作（ADL）が不自由となり，下肢に障害があれば，立つ，歩く，走る，跳ぶ，段差を越えるなど主に移動場面に不自由がみられる。そして，体幹や脊髄に障害があると姿勢の保持が困難となるだけでなく，痛み・熱さなどの感覚がまひしたり排泄のコントロールができないこともある。

18歳未満の肢体不自由児は，1996（平成8）年11月に実施された厚生省の調査結果によれば身体障害児全体の50.7パーセントを占めている。

(2) 肢体不自由の主な原因

肢体不自由の原因は，その起因疾患別に脳の疾患，脊髄の疾患，神経・

表2-5-1 肢体不自由児の起因疾患

脳の疾患 ………………… 脳性まひ，脳外傷性後遺症，脳血管障害など
　　　　　　　　　　　　　胎児期の脳の発育異常および出生前後脳に損傷を受けた場合
　　　　　　　　　　　　　転落や事故など頭部の傷害により脳に損傷を受けた場合
　　　　　　　　　　　　　脳血管障害などにより脳に損傷を受けた場合
脊髄の疾患 ……………… 二分脊椎症，脊髄損傷など
　　　　　　　　　　　　　胎児期の脊椎骨発育不全により脊髄神経繊維が遮断された場合
　　　　　　　　　　　　　転落や交通事故により脊髄に損傷を受けた場合
神経・筋肉の疾患 ……… 進行性筋萎縮症，重症筋無力症，脊髄性小児まひなど
　　　　　　　　　　　　　遺伝等により先天的に筋の発育に障害をもった場合
　　　　　　　　　　　　　ウィルスにより脊髄神経が侵され弛緩性運動障害をもった場合
骨や関節の疾患 ………… 骨形成不全症，関節拘縮症，先天性股関節脱臼など
　　　　　　　　　　　　　遺伝等により先天的に骨の発育に障害をもった場合
　　　　　　　　　　　　　脱臼等により関節の可動範囲が制限される場合

筋肉の疾患，骨や関節の疾患に分類される。代表的な起因疾患は，次に示すものがあげられる。

1）脳性まひ　脳性まひは，受胎から周産期（出生前後）に脳の運動中枢に損傷を受けたことにより，筋の異常緊張や弛緩をまねき運動障害がもたらされ，作業や移動，坐位や立位などの姿勢保持を困難にする。脳の損傷は進行することはないが，運動障害の様相は子どもの発達，加齢により変化する。また，脳の運動中枢以外の部位も同時に損傷を受けることもあり，知的障害等を併せ有することも多い。原因は，新生児仮死，出産時低体重，新生児重症黄疸が三大要因であるが，母体の疾病（妊娠中毒症，風疹など），新生児期の脳炎・髄膜炎なども原因となる。

障害の現れる部位により，四肢まひ，片まひ（半身まひ），対まひ（両下肢まひ）と呼ばれる。脳の疾患は肢体不自由の起因疾患の5割を越えるが，そのうちのほとんどが脳性まひで占められている。肢体不自由養護学校に通う児童・生徒の疾患はほとんどが脳性まひである。また，脳性まひは，障害の状態により主に以下に示すような型に分類される。

①痙直型　身体を動かすときに，関節を動かそうとする筋と反対の働きをする筋が同時に過剰収縮するために，常に筋が緊張して力の入った状態が続き，身体をスムーズに動かすことができなくなる。その結果，関節の曲げ伸ばしの動きが制限され，四肢や体幹を曲げた姿勢をとることが多くみられる。脳性まひの6割以上がこの型である。

②アテトーゼ型　身体を動かそうとしたさいに，身体のさまざまな部位に不随意運動（意志に反して身体が揺れるように動く）がみられ，意図した動作が行えないことが特徴となる。不随意運動は精神的緊張にも影響を受け，顔面，頸部，上肢に顕著にみられる。知的障害を伴うことは少ないが，構音障害を随伴するケースが多い。

2）脳（血管）障害　脳血栓，脳梗塞，脳内出血や頭部の外傷により，脳に損傷を受けたことが原因となる。脳は，特定の部位が特定の機能（左脳は右半身，右脳は左半身）をつかさどる特徴があり，損傷を受けた部位により症状の現れ方に違いがみられる。具体的な症状としては，左右どちらか半身の上下肢にまひが現れる。また，言語障害，行為障害，認知障害などを随伴することがある。

3）二分脊椎症　二分脊椎症は，胎児が発育する際に脊椎骨が形成されず脊椎から脊髄神経がはみだして神経繊維が遮断された疾患である。主に下肢の運動まひ，感覚まひと排尿排便機能障害が現れる。脊髄神経が遮断された部位により運動まひと感覚まひの現れる部位が異なる。感覚まひのある部位はじょくそう（床ずれ）が生じたり，熱さや痛みを感じないため火傷やけがをしても気づかず，治りも悪いので傷をつくらないように注意を要する。

4）脊髄損傷　転落や交通事故などの外傷による脊髄の損傷が原因となる。脊髄を損傷すると，二分脊椎症と同様に運動まひ，感覚まひと排尿排便機能障害が現れる。脊髄損

表 2-5-2　肢体不自由児の疾患別状況

疾患	人数	割合
脳性まひ	18,600	(44.9%)
脊髄性小児まひ	700	(1.7%)
脊髄損傷	1,300	(3.1%)
進行性筋萎縮症	2,000	(4.8%)
脳血管障害	1,900	(4.6%)
脳外傷性後遺症	300	(0.7%)
その他脳神経疾患	3,400	(8.2%)
骨関節疾患	1,000	(2.4%)
その他	12,200	(29.5%)

(単位：人)
(1996年身体障害児全国調査報告)

傷は損傷を受けた部位により，頸髄損傷は四肢と体幹に，胸髄・腰髄損傷は両下肢にまひを生じる。起立性の貧血や発汗障害による体温調節機能障害を伴うケースもある。

5) **進行性筋萎縮症**　筋の萎縮を原因とする筋力低下がみられる。代表的なものに進行性筋ジストロフィー症があげられる。進行性筋ジストロフィー症は，遺伝性の疾患で男児に多くあらわれる。一般に筋力低下は体幹や臀部の筋から顕著になり，姿勢の崩れ，歩行困難，上肢作業困難，呼吸筋や心筋の筋力低下の順に進行する。3〜5歳で発症し，10歳から12歳頃に歩行が困難になり車椅子を利用した生活になる。

6) **骨形成不全症**　骨の形成・発育が悪いために，骨がもろく骨折を起こしやすい先天性，遺伝性の障害である。身長は比較的低身長で，日常生活の中で何度も骨折と治癒を繰り返すために，上肢や下肢は短く変形や彎曲を起こす。成長とともに骨折の頻度は減少する。

2．肢体不自由養護学校における教育の特徴

(1) 肢体不自由児の教育の場

肢体不自由養護学校に通う児童・生徒は，学校教育法施行令により「体幹支持，筆記，歩行等が不可能または困難なもの及びこれと同程度の障害を有するもの」，もしくは，「6カ月以上の医学的観察指導を必要とするもの」と，就学基準が設けられている。肢体不自由の程度が上記の程度に達しない場合は，通常の学級もしくは特殊学級において教育を受けることが適当であるとされている。現状では障害の程度がごく軽度の者は通常の学校に通い，軽度の者は特殊学級，中程度から重度の障害のある者が肢体不自由養護学校に通っている。また，常時医学的治療を受ける必要があり肢体不自由児施設・病院に入所している者は，施設や病院に併設（隣設）された養護学校に通学している。しかし，障害の程度が重度のために養護学校に通学できない児童・生徒は，自宅や病院へ教師が訪問して教育を受けることが保障されている。2000（平成12）年度現在，肢体不自由養護学校は国立，公立，私立をあわせて全国に196校あり，17,886人が通学している。

(2) 肢体不自由児の教育上の問題点

1) **肢体不自由が直接原因となる一次的問題点**　上肢に障害がある場合では授業中のノートへの書字や定規の使用，また，技能系教科（音楽や技術・家庭など）では楽器などの学習用具の操作など，さまざまな場面で学習に困難な状況がみられる。また，数学の授業で式を展開したり作図しながら問題を解く場合，障害のない児童・生徒よりも時間を要

するため，必然的に授業時間内に学習できる範囲が限られることで学習の遅れを招くことがある。そのほか，理科の実験や音楽の楽器演奏など，体験的に学習する課題を直接経験できないことや，障害の改善を目的とした手術入院や治療のために学習に時間的空白が生じることもある。

2）環境により発達が阻害される二次的問題点

①経験不足による学習レディネスの欠如　学校や病院と家庭との往復生活が続き，買い物に行ったり乗り物に乗るといった日常生活での社会的な経験が不足することが，時間，重さ（量），長さ，距離など経験から得る感覚を貧弱にし，教科学習の理解を困難にする原因となる。

②社会性の発達の遅れ　家族，医師や看護師，学校の教員など限られた人との関わりや，社会性を身につける上で大切な遊びが家の中での少人数の静的な遊びに偏る傾向があり，これらが原因となり社会性の発達に遅れがみられることがある。

③消極的・依存的な態度　障害による不自由から苦手な物事に対して消極的・依存的になり，結果としてできないことへの劣等感をもったり，失敗への恐れから新しい経験や競争を避けるようになる。親の甘やかしや過保護，配慮のしすぎもこのような傾向を強め，自分の意志を伝えたり自己決定する力にも影響を与える。

④興味・関心の乏しさ　限られた生活範囲と限られた人との関わりや社会的経験の不足により，経験的に得られる情報量が少ない。そのため，生活に対する興味・関心を高める機会がなく，趣味や生きがいを見いだすことが苦手となる。

(3) 肢体不自由児教育の内容

肢体不自由児の実態は，障害の程度が比較的軽度の者から医療的な配慮を必要とする重度の者まで多様化するとともに，肢体不自由と他の障害を併せもつ重複化の傾向がある。肢体不自由養護学校では，児童・生徒の障害が重度・重複化がすることに伴い，画一的な指導ではなく児童・生徒と保護者の願いを取り入れたひとりひとりのニーズに即した指導が求められている。教科指導では，指導内容の精選，具体的で直感性に優れる教材の選択，能力に応じた指導を配慮しながら学力の向上を図っている。あわせて，障害を改善・克服するための特別な領域として自立活動の時間が設けられている。教科指導，自立活動の指導とともに，児童・生徒ひとりひとりの個別指導計画に基づいた教育が行われている。教育課程は個々の実態に応じて次の3つに類型化されている。

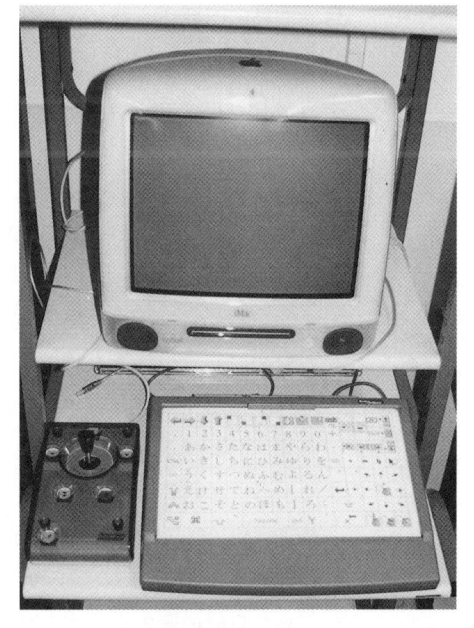

図2-5-2　学習の効率化を図るパソコンの利用（特別な入力機器の使用）

1) 通常の学校に準ずる教育課程（下学年適用を含む）　知的障害のない肢体不自由児には小学校，中学校および高等学校など，通常学校と同一の目標と内容に準ずる教育（各教科，道徳，特別活動および総合的な学習の時間）が行われる。障害の状態により，在籍学年の学習が困難な場合や学習に遅れがみられる場合は下学年の目標と内容を学習することができる。あわせて，自立活動の時間が設けられている。

2) 知的障害養護学校代替の教育課程　知的障害を併せもつ児童・生徒は，運動障害に対する指導（自立活動）と知的障害に配慮して，各教科の指導を知的障害養護学校の各教科に替えることができる。そのほか，教科・領域別の指導以外に教科や領域を合わせた合科・統合による指導，生活単元学習，日常生活面の指導，作業学習等が行われる。

3) 自立活動中心の教育課程　重度肢体不自由と重度知的障害を併せもつ重度重複障害児では，各教科や特別活動の内容を取り扱わずに，生命の維持や健康の増進，人やものとの関わりの改善，情緒の安定など自立活動の内容を主体とした授業が行われている。

(4) **自立活動について**　肢体不自由養護学校では，肢体不自由に起因する生活上の困難を補うために必要な知識技能を授けることを目的とした自立活動の指導が行われている。自立活動の指導では，個々の児童・生徒の障害の状態や発達段階に即した指導内容や方法を考慮した個別指導計画を作成し，個々の子どもの実態と教育課程の類型に応じて指導が行われている。

自立活動の内容　肢体不自由養護学校の自立活動の内容は，日常生活を営む上での基本的な行為（食事，排泄，姿勢保持など）と，障害に起因して困難となる生活行為（衣服の着脱，移動，学習，コミュニケーションなど）を改善・克服するために，健康の保持，心理的な安定，環境の把握，身体の動き，コミュニケーションの5つに分類される。なお，自立活動は医学的な治療と密接な関係をもつが，医療関係者や家庭と連携を取りながら，より教育的な観点が求められる。肢体不自由養護学校で指導される内容は次のようなものがあげられる。
①健康の保持　睡眠，食事，排泄などの適切な生活リズム・生活習慣を身につけ，あわせて自己の障害の状態を理解して生活の自己管理をできることが目標となる。また，重度の肢体不自由児では，睡眠と覚醒のリズムが崩れたり呼吸管理や体温調節が難しいケースがあり，医師や家庭と連携を取りながら，生活の基礎となる健康状態の維持と改善を図ることが目標に指導される。
②心理的な安定　肢体不自由から生じる困難に対する悩みや不安感・劣等感などの心理的な課題を解消して，積極的に社会参加する意欲を培うことを目的に指導が行われる。そのために自己の障害を受容し生活環境への適応や集団参加における情緒の安定，対人関係の基礎となる自他の区別や他者の心情を理解する力を身につけること，さらに障害に基づくさまざまな困難を積極的に改善・克服しようとする意欲を育てることが大切となる。

③環境の把握　脳性まひは，視知覚や段差など空間に対する認知に困難を伴うことがある。上下，左右，高低，遠近などの空間に関する構造化が妨げられて発達や学習の遅れの原因となる。保有する感覚（視覚，聴覚，触覚など）を十分に活用して，周囲の状況を把握したり，環境と自己との関係を理解して行動する力を習得することが目的となる。

④身体の動き　日常生活において動作の基本となる姿勢の保持，上下肢の運動・動作の基本的技能の改善や習得，食事・排泄・衣服の着脱など日常生活動作（ADL）を身につけること，歩行や車椅子による移動能力の向上，作業を円滑に遂行する能力を高めることが主な内容となる。移動のための杖や車椅子，握りやすく工夫した鉛筆など，補助用具を活用できるようになることも指導内容に含まれる。肢体不自由養護学校の自立活動の指導の中心となる内容である。

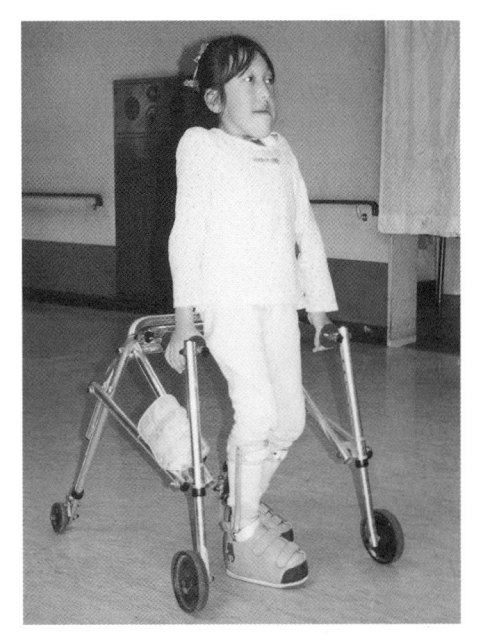

図2-5-3　ウォーカーを使用し移動能力の向上を目的とした自立活動の指導

⑤コミュニケーション　脳性まひは，構音障害・リズム障害など言語表出に課題を併せもつことがあり，場や相手に応じたコミュニケーションを円滑に行うことができるようになることを目的に指導が行われる。主に，コミュニケーションに対する意欲の向上，発声発語の機能向上（発声能力，発語器官の機能，構音障害の改善）に関する指導と音声言語の代替手段としてコミュニケーション・ボードなどの活用指導が行われる。

3．有意義な体験を目指して

「障害」すなわち「できない」ことではない。肢体不自由は運動・動作がぎこちなく遅いこと，上手にできないことが特徴となるが，障害の程度が軽度や中度のものは時間をかけたり補助具を利用すればできることも多い。したがって，すべての場面で介助が必要なわけではないので，児童・生徒の様子をよく見て授業や行事など活動の目的に合わせて対応することが重要である。

(1) 肢体不自由養護学校の介護等体験で行う介助内容

肢体不自由養護学校には，移動，食事，トイレ，更衣，入浴等の介助を必要とする児童・生徒が通学している。介護等体験では次のような介助を行うことが想定される。

1）移動　肢体不自由児は普通に歩行が可能なもの，ウォーカーやクラッチ（杖）を使用して歩行するもの，そして車椅子や電動車椅子を使用者する者がいる。校内ではウォーカーや車椅子への移乗や車椅子を押すことが主な介助内容となる。行事など校外での活

動時は，荷物を持ってあげたり混雑する場所では道をあけるよう周りに気を配る必要がある。杖を使用したりバランスを崩しやすい児童・生徒には，段差など状況に応じて身体を支えたり手を引いてあげる必要がある。車椅子使用者を介助する場合は，道路の両サイドが低くなっていたり路面の小さな窪みにタイヤが取られないように気をつけながら介助しなければならない。

2）食事　食事を上手に食べられない児童・生徒には食べ物を口に入れてあげたり，飲み込みが苦手なものには，食べ物を刻んだり擦り潰したりして飲み込みやすくする必要がある。食事介助はただ食べさせるだけではなく，会話をしながら楽しい雰囲気の中で食事を摂ることも大切である。

3）トイレ　トイレの介助には，車椅子から便器への移乗，衣服の着脱，姿勢保持，用便後の後始末がある。排泄は人に見られたくない行為なので，介助者は介助される身になって考えることが大切である。必要最小限の介助で，本人にストレスを感じさせないような配慮が必要となる。必ず同性が介助するよう心がける。

4）更衣　運動後や温度変化に合わせた衣服の着脱や，宿泊を伴う行事の更衣の介助を行う。緊張の強い場合は無理に着脱したりせず，介助される者と介助者が息を合わせて協力しながら行うようにする。関節の変形を防ぎ姿勢を安定させるために使用する補装具は着脱に簡単な知識を必要とするものもあるので，教員に確認をとりながら行う。姿勢を安定させることが，更衣をスムーズに行うための重要なポイントとなる。

5）入浴　宿泊行事では入浴時に衣服の着脱，洗い場への移動，浴槽への出入りを介助する。浴室内は，水や石鹸などで滑りやすく危険が多いので，複数の介助者が協力してけがのないように配慮して介助しなければならない。特に更衣室や浴槽への出入りの際にお互いの身体が濡れている時は，身体を洗った後の石鹸や水分をしっかりと落としたことを確認してから介助する。入浴は一日の疲れをいやし，心身ともにリラックスできる時間なので，ゆとりをもちながら介助することが大切である。

(2) 介護等体験における注意事項

　介助は，その人の命を預かることでもある。しかしながら，過度に緊張した姿勢で取り組むことはかえって危険を招くことにもなる。肢体不自由養護学校での介護等体験全般を通じて，次の心構えを忘れずに有意義な体験を目指したい。
①児童・生徒の特徴を把握する。
②児童・生徒に何を，どのように介助してほしいかを確認する。
③できることは本人にまかせる。本人の努力を見守ることも介助者の重要な役割である。
④コミュニケーションを大切にして，お互いに気持ちを察しながら気持ちの良い関係を築く。
⑤わからないことや無理なことはしない。

⑥介助は無理のない姿勢で行い，けがを予防する。
⑦介助に適した服装で行う。
⑧身体接触による不快感を与えないように注意深く接する。
⑨同性介助が基本であり，セクシャル・ハラスメントのないように十分配慮する。
⑩体験中は児童・生徒と実習生という立場で接し，プライバシーを守る。

文　献
障害者福祉研究会　2001　障害者のための福祉2001　中央法規
厚生省大臣官房障害保健福祉部　1999　日本の身体障害者・児　第一法規

推薦図書
五十嵐信敬他　1995　教職教養障害児教育　コレール社

第Ⅲ部
社会福祉施設と利用者の理解

　第Ⅲ部ではわが国の社会福祉における今日的課題を理解するうえで不可欠な少子高齢化の問題について述べた後に、21世紀のわが国の社会福祉における3大プランと呼ばれる「ゴールドプラン」「エンゼルプラン」「障害者プラン」について、それぞれのプランの目的と概要について述べる。つづいて、介護等体験が実施される代表的な社会福祉施設について、施設の目的ならびに提供されるサービス、利用者の援助ニーズの特徴と、介護等体験で想定される学習課題を概説する。

社会福祉の現状と重点施策

21世紀の日本社会を象徴する重要なキーワードは，高齢化と少子化である。近年の高齢化は少子化と連動して加速化している。

1. 高齢化

今日，65歳以上人口を「高齢者人口」，その総人口に占める割合を高齢化率（高齢者人口割合）」と規定し，人口構造の高齢化の程度が評価される。わが国の国勢調査では1960（昭和35）年まで，60歳以上を「老年人口」としていて，65歳以上を「老年人口」としたのは1965（昭和40）年からのことである。国際連合（以下，国連）は1956（昭和31）年の報告書で，総人口に占める65歳以上割合が7パーセントを超えると「高齢化社会」，

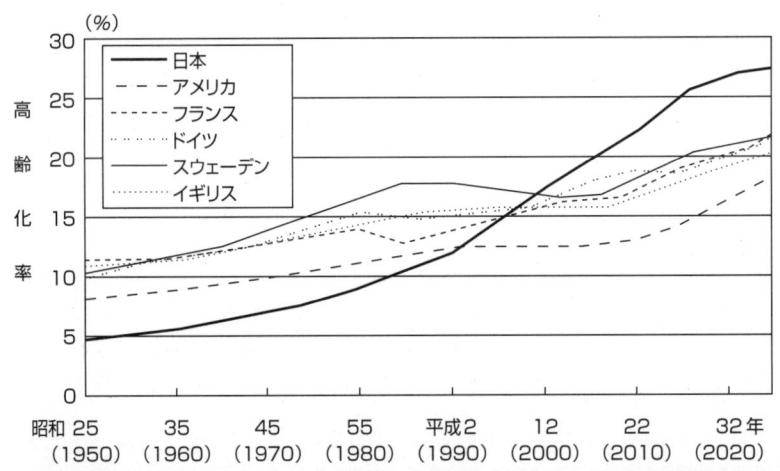

	昭60(1985)	平7(1995)	平17(2005)	倍化年数（高齢化率7%→14%）
日本	10.3%	14.6%	19.6%	24年間（1970年→1994年）
アメリカ	11.8	12.6	12.4	69　（1945　→2014　）
フランス	13.0	15.2	16.7	114　（1865　→1979　）
ドイツ	14.6	15.2	17.8	42　（1930　→1972　）
イギリス	15.1	15.8	15.9	46　（1930　→1976　）
スウェーデン	17.9	17.3	16.6	82　（1890　→1972　）

図3-1-1　先進諸国の高齢化率の推移および予測

資料　総務庁統計局「国勢調査」
　　　厚生省国立社会保障・人口問題研究所「日本の将来推計人口」（平成9年1月推計）（中位推計）
　　　UN, World Population Prospects : The 1996 Revision

14パーセントを超えると「高齢社会」と定義し、また、65歳以上の人口の国全体の人口に占める割合が7パーセントになった段階を高齢化社会のスタートとして、その割合が14パーセントに達するまでに要する年限を高齢化社会の速度と定義している。高齢化社会から高齢社会への移行には、アメリカが70年、ドイツ・イギリスが45年を要していたのに対し、日本はわずか24年であった。このように日本の高齢化は世界に類をみない速さで進んだ。なお、「超高齢」という表現はあまりみられないが、1995（平成7）年版の厚生白書にはその記述があり、また、研究者の間では前述の人口比率（高齢化率）が21パーセントを超えた社会を「超高齢社会」としている。

2．少子化

少子化という用語は、1992（平成4）年に刊行された経済企画庁『国民生活白書 平成4年度版：少子社会の到来、その影響と対応』で初めて使用された。しかし、その定義が確定しているわけではない。厚生省は2000（平成12）年6月、「平成11年人口動態統計月報年計（概数）の概況」を発表し、その中で、平成11年1年間の出生数は過去最低を記録し、合計特殊出生率は前年の1.38を下回る1.34と最低記録を更新し、少子化傾向に歯止めがかかっていないことを報告している。合計特殊出生率（TFR：Total Fertility Rate）は、ある年の年齢別出生率は変わらないという仮定の下で、1人の女性が生涯平均何人の子どもを産むかを意味する推計値である。15歳から49歳までの女性を対象に算出する。合計特殊出生率は、年間人口1000人当たり何人子どもが産まれたかを示す普通出生率や、これ以上子どもを産む可能性がほとんどなくなった時点での夫婦の平均出生児数をもって完結出生率とする概念とは区別されるものある。

わが国では、上述のように少子化の程度を示す指標のひとつとして合計特殊出生率を使

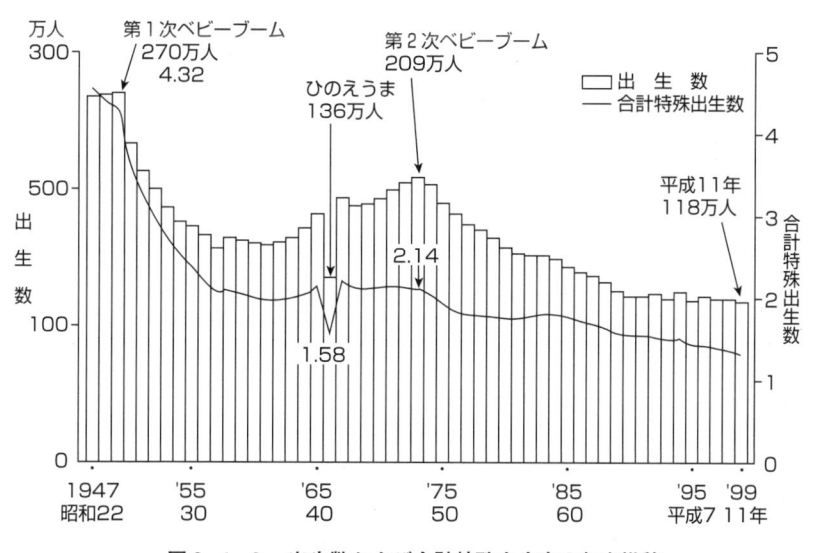

図3-1-2　出生数および合計特殊出生率の年次推移
資料　厚生労働省「人口動態統計」

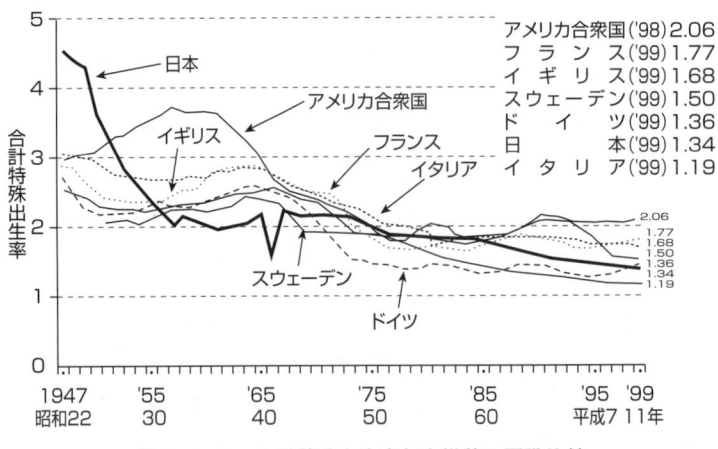

図3-1-3　合計特殊出生率年次推移の国際比較

アメリカ合衆国（'98）2.06
フランス（'99）1.77
イギリス（'99）1.68
スウェーデン（'99）1.50
ドイツ（'99）1.36
日本（'99）1.34
イタリア（'99）1.19

注　1）ドイツは，1991年までは旧西ドイツの数値である。
　　2）イギリスは，1985年まではイングランド・ウェールズの数値である。
資料　厚生労働省「人口動態統計」
　　　UN「Demographic Yearbook」
　　　Council of Europe「Recent Demographic Developments in Europe」
　　　U. S. Department of Health and Human Services「National Vital Statistics Report」による。

用しているが，少子化がこのまま進行していくと，日本の人口は2007年に頂点を迎えた後には減少に転じ，1999年での1億2,600万人の人口が2050年には1億人，2100年には6,700万人になると推計されている。一方，老年人口は1997年15.7パーセントから2050年32.3パーセントにまで増大すると推計されている。

3．少子高齢化社会と施策

わが国では，本格的な高齢化にそなえ，介護保険，年金，税制などの対策が議論される一方，少子化対策，子育て支援策も具体化されつつあり，これらについての施策の基本方

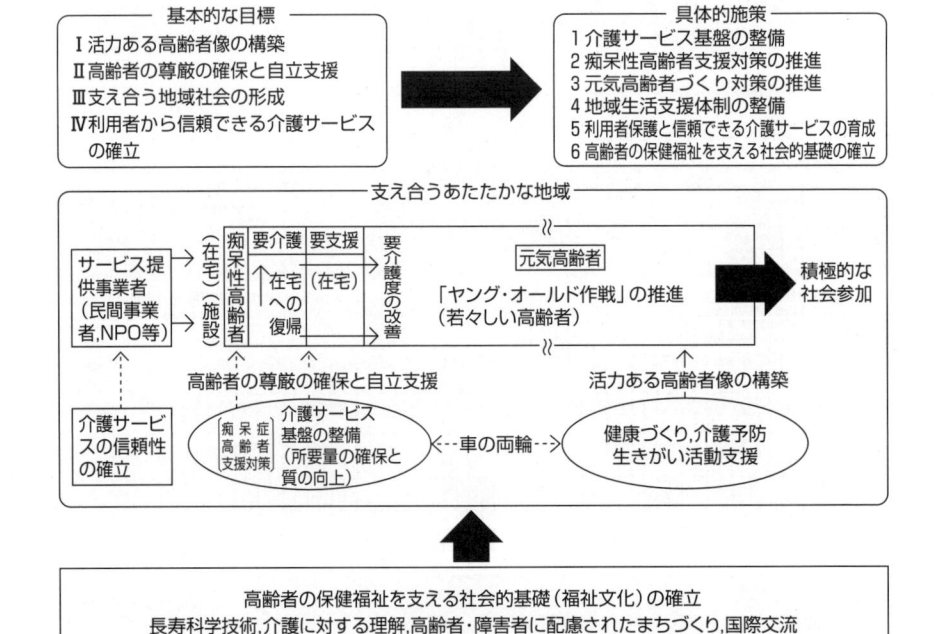

図3-1-4　ゴールドプラン21の施策の概要図

国民の福祉の動向（2001）

針は「高齢社会対策基本法（1995年）」と「少子化社会対策基本法（2000年）に集約されている。これら基本法は，21世紀の少子・高齢社会における社会保障の全体像と主要施策の進むべき方向について，1994（平成6）年3月に厚生大臣の私的諮問機関である「高齢社会福祉ビジョン懇談会」が取りまとめた「21世紀福祉ビジョン」を基盤としている。

21世紀福祉ビジョンは，『高齢化が活力に結び付く明るい社会を構築する』という基本理念の下，社会経済全体のシステムを少子・高齢社会にふさわしいものにつくり替えていくことによって，21世紀に向けて国民誰もが安心できる明るい福祉社会を築くことにねらいを置いている。その際，目指すべき福祉社会像として，高福祉・高負担型福祉社会（公的保障中心）でも，低福祉・低負担型福祉社会（自助努力中心）でもない，公民の適切な組み合わせによる適正給付・適正負担というわが国独自の福祉社会の実現を目指す，としている。その長期的視点として，①個々人のニーズに応じたサービスを最適な組み合わせで提供する，②日常生活支援サービスと医学管理サービスを一体的に提供する，③現物給付を基本としたサービス体系である，④在宅・施設間のサービス水準・費用負担は公平にする，⑤要介護リスクは普遍的であり，国民相互の社会連帯を基本とする，⑥費用負担は，保険料・公費（国・地方自治体）と合わせ，利用者負担も組み込む等が，盛り込まれている。

以上の長期的な視点のもとで開発され策定された重要な制度は「介護保険法」1997（平成9年12月17日法律第123号）で，またその実現を可能にしたのが「ゴールドプラン」，「新ゴールドプラン」，「ゴールドプラン21」を基礎とするサービス基盤の整備となっている。

表3-1-1　2004（平成16）年度における介護サービス提供見込量

	（新ゴールドプラン目標）1999（平成11）年度	2004（平成16）年度
訪問系サービス		
訪問介護（ホームヘルプサービス）	17万人	225百万時間（35万人）*
訪問看護　訪問看護ステーション	5,000カ所	44百万時間（9,900カ所）*
通所系サービス		
通所介護（デイサービス）／通所リハビリテーション（デイケア）	1.7万カ所	105百万時間（2.6万カ所）*
短期入所（ショートステイ）系サービス		
短期入所生活介護／短期入所療養介護	6万人分（ショートステイ専用床）	4,785千週／9.6万人分（短期入所生活介護専用床）
施設系サービス		
介護老人福祉施設（特別養護老人ホーム）	29万人分	36万人分
介護老人保健施設	28万人分	29.7万人分
生活支援系サービス		
痴呆対応型共同生活介護（痴呆性老人グループホーム）	—	3,200カ所
介護利用型軽費老人ホーム（ケアハウス）	10万人分	10.5万人分
高齢者生活福祉センター	400カ所	1,800カ所

参考　国民の福祉の動向（2001）p.193
注　1）2004年度（　）*の数値については，一定の前提条件の下で試算した参考値である。
　　2）介護療養型医療施設については，療養型病床群等の中から申請を受けて，都道府県知事が指定を行うこととなる。

4. 介護保険制度

　介護保険法は，1998（平成10）年12月9日に成立し，2000（平成12）年4月から施行された。当初，政治的な思惑などからその根本思想が迷走していた感がない訳ではないが，今は安定期を迎えようとしている。しかし介護の現場ではヘルパーや介護支援専門員（ケアマネジャー）が劣悪な待遇のもとで働き，当初期待された民間企業参入による付加価値の高いサービスも介護報酬の曖昧さなどから実現されているとは言いがたい状況にある。また高齢者医療費とのからみで健康保険組合が軒並み赤字に陥るなど，介護制度が本当に身近なものになるには，まだまだ紆余曲折があるものと思われる。

　介護保険法は高齢者の介護問題への役割と，社会保険制度全体の構造改革への試行の役割をもっている。なお，高齢者だけでなく今もなお措置制度の残る身体障害・知的障害分野にも介護保険制度が導入される見込みであり，さらに介護保険法の成立後も年金改正，医療保険制度の見直しなどが予定されている。

　介護保険法は，加齢に伴って生ずる心身の変化に起因する疾病等により要介護状態となり，入浴，排せつ，食事等の介護，機能訓練並びに看護及び療養上の管理その他の医療を要する者等について，これらの者がその有する能力に応じ自立した日常生活を営むことができるよう，さらには，必要な保健医療サービス及び福祉サービスに係る給付を行うため，国民の共同連帯の理念に基づき介護保険制度を設け，その行う保険給付等に関して必要な事項を定め，もって国民の保健医療の向上及び福祉の増進を図ることを目的とするものである。介護問題は，誰にでも起こりうることで，自己責任の原則と社会的連帯の精神にもとづき，40歳以上の全国民で公平に制度を支える仕組みとなっている。

　介護保険で利用できるサービスには大きく施設でのサービス，在宅でのサービスに分類できる。施設でのサービスは，特別養護老人ホームや介護老人保健施設，療養型病床群（介護専門の職員がいて，一定の介護に必要な施設が整っている医療施設）などに利用者が入所して受けるサービスを指している。在宅でのサービスは，在宅で介護する際に受けられる福祉サービスのことを言う。介護サービスでは，ホームヘルプ，訪問入浴，訪問看護・デイサービス（昼間のみ老人ホームや各施設で老人を預かる）・ショートステイ（短期間，老人ホームや各施設で老人を預かる）などのサービスが受けられる。なお，施設での介護サービスを利用した場合は，10パーセントの自己負担の他に食費などがかかる。ただし，たとえ本人や家族がどんなに介護が必要な状態だと思っても，保険者である市町村の介護認定審査会が「要介護」状態，または「要支援」状態であると認めない限り，サービスを受けることはできない。さらに要介護の判定の程度によって，保険で受けられるサービスに上限がある。

　「要支援」は，①居室の掃除などの身の回りのことをする際に，部分的に何らかの介助（見守りや手助け）を必要とする，②立ち上がりや片足での立位保持などの複雑な動作に何らかの支えを必要とすることがある，③排せつや食事はほとんど自分ひとりでできる，

などの方が該当する。該当者は施設サービスが利用できない。

「要介護」のうちの「要介護1」は，①みだしなみや居室の掃除などの身の回りのことをする際に，何らかの介助（見守りや手助け）を必要とする，②立ち上がりや片足での立位保持などの複雑な動作に何らかの支えを必要とする，③歩行や両足での立位保持などの移動の動作に何らかの支えを必要とすることがある，④排せつや食事はほとんど自分ひとりでできる，⑤問題行動や理解の低下がみられることがある，などの方が該当する。また「要介護2」には，⑤みだしなみや居室の掃除などの身の回りのこと全般について，何らかの介助（見守りや手助け）を必要とする，②立ち上がりや片足での立位保持などの複雑な動作に何らかの支えを必要とする，③歩行や両足での立位保持などの移動の動作に何らかの支えを必要とする，④排せつや食事に何らかの介助（見守りや手助け）を必要とすることがある，⑤問題行動や理解の低下がみられることがある，などの方が該当する。さらに「要介護3」には，①みだしなみや居室の掃除などの身の回りのことが自分ひとりでできない，②立ち上がりや片足での立位保持などの複雑な動作が自分ひとりでできない，③歩行や両足での立位保持などの移動の動作が自分でできないことがある，④排せつが自分ひとりでできない，⑤いくつかの問題行動や理解の低下がみられることがある，などの方が該当する。「要介護4」になると，①みだしなみや居室の掃除などの身の回りのことがほとんどできない，②立ち上がりや片足での立位保持などの複雑な動作がほとんどできない，③歩行や両足での立位保持などの移動の動作が自分ひとりではできない，④排せつがほとんどできない，⑤多くの問題行動や全般的な理解の低下がみられることがある，などの方が該当することになり，最も重い「要介護5」には，①みだしなみや居室の掃除などの身の回りのことがほとんどできない，②立ち上がりや片足での立位保持などの複雑な動作がほとんどできない，③歩行や両足での立位保持などの移動の動作がほとんどできない，④排せつや食事がほとんどできない，多くの問題行動や全般的な理解の低下がみられることがある，などの方が該当する。原則として，上記の条件を満たす65歳以上の高齢者（1号被保険者）がサービス利用者ということに限られる。介護保険法の総則には，「（2）要介護状態にある40歳以上65歳未満の者であって，その要介護状態の原因である身体上または精神上の障害が加齢に伴って生ずる心身の変化に起因する疾病であって政令で定めるもの（以下「特定疾病」という）によって生じたものであるもの」は，介護保険の要介護者に当たるとされている。この特定疾病が下記のような15疾病として決められた。

1) 初老期の痴呆：アルツハイマー病，ピック病，脳血管性痴呆，クロイツフェルト・ヤコブ病等
2) 脳血管疾患：脳出血，脳梗塞等
3) 筋萎縮性側索硬化症（ALS）
4) パーキンソン病
5) 脊髄小脳変性症
6) シャイ・ドレガー症候群
7) 糖尿病性：腎症・網膜症・神経障害
8) 閉塞性動脈硬化症

9）慢性閉塞性肺疾患：肺気腫，慢性気管支炎，気管支喘息，びまん性汎細気管支炎
10）両側の膝関節又は股関節に著しい変形を伴う変形性関節症
11）慢性関節リュウマチ
12）後縦靱帯骨化症
13）脊柱管狭窄症
14）骨折を伴う骨粗鬆症
15）早老症（ウェルナー症候群）

介護保険制度は，上記の条件を満たす人々に対し，ケア・プランのもとサービスが提供されることになるが，その基盤は，ゴールドプラン，新ゴールドプラン，ゴールドプラン21という経過を取りながら，充足の方向に確実に動いているといえる。

5．ゴールドプラン

厚生省は，高齢化社会における保健福祉の保障制度の基盤を整備するために，1989（平成元）年12月に，1999（平成11）年度までの10年間に取り組むべき施策についての目標を掲げた「高齢者保健福祉推進10か年戦略」（いわゆる「ゴールドプラン」）を策定した。その後，1993（平成5）年に全国の地方公共団体で策定された地方老人保健福祉計画において，ゴールドプランを上回る高齢者保健福祉サービス基盤整備の必要性が明らかになったこと，ゴールドプラン策定以降，新たなサービスの整備充実が図られてきたことなどを踏まえ，1994（平成6）年12月には，厚生・大蔵・自治3大臣の合意のもとにゴールドプランを全面的に見直した「新ゴールドプラン」を策定した。その策定にあたっては，高齢者介護対策の緊急性にかんがみ，地域のニーズを踏まえて当面緊急に行うべき各種高齢者介護サービス基盤の整備目標の引き上げ等を行うとともに，今後取り組むべき高齢者介護サービス基盤の整備に関する施策の基本的枠組みを新たに策定し，1999（平成11）年度までの間において，財源の確保に配意しつつ，具体的施策の実施を図ることとしている。

1999（平成11）年度で終了した「新ゴールドプラン」は，前述のように，介護保険法成立に向けたサービスの基盤整備に重点が置かれていたが，さらに「ゴールドプラン21」では，介護保険制度をもとにしながら，いかに活力のある社会をつくっていくかに重点が置かれ，基本的な目標は，

1）社会全体として活力ある高齢者像の実現に向けての意識改革
2）高齢者やその家族が安心できるよう，介護サービスの質量の確保
3）高齢者に対する地域支援

また，サービス提供が契約化される中で介護サービスの信頼性の確保など，介護保険法に基づくサービスを中核としながら，地域において高齢者に対する保健福祉施策を講じる上で基本となるべき目標も示している。その具体的施策としては，

1）介護サービスの基盤整備
2）痴呆性高齢者に対する支援

3）「ヤング・オールド（若々しい高齢者）作戦」として展開
4）地域における支援体制づくり
5）介護サービスの信頼性の確保（利用者の保護，介護サービスの健全な育成）
6）高齢者の保健福祉の基礎を支える社会的基礎の確立

をあげている。上記の1）の施策の実現のためには，①訪問介護員（ホームヘルパー）などの在宅サービスを担う人材の養成確保を図るほか，特別養護老人ホームや老人保健施設などの介護関連施設の整備を進める，また，②今後，要介護度の改善を含めた介護サービスの質の確保がきわめて重要であり，人材研修を強化するとともに，寝かせきりの防止，リハビリテーションの充実など施設処遇の改善を図るさらに，③特別養護老人ホーム退所者やひとり暮らしに不安を感じている高齢者など，生活支援を要する高齢者が居住できる施設の整備を推進することが強調されている。また2）の痴呆性高齢者に対する支援については，家庭的な環境で少人数で共同生活を送る痴呆対応型共同生活介護（グループホーム）の整備をはじめとして，痴呆性高齢者に対する介護サービスの充実を図るとともに，痴呆介護の質的な向上を目指すことが強調されている。その前提として痴呆に関する医学的研究の推進，すなわち，痴呆に関する非薬物療法等の研究や遺伝子情報の解明に基づく個々人の特性に応じた医療の実現，画期的な新薬の開発など，痴呆の医療およびリハビリテーション向上のための研究の推進が志向されることになっている。「ヤング・オールド作戦」は，従来の寝たきりゼロを目指す「新寝たきり老人ゼロ作戦」を発展させ，元気高齢者づくりを推進する対策として，将来的に自立高齢者の割合を9割程度に引き上げることを目標としている。

なお，「新寝たきり老人ゼロ作戦」は，寝たきりは避けられないものという，従来の日本における認識を，寝たきりは適切な介護，訓練により，避けることのできるものである，というように改めることを視野にいれ，次のような目標を掲げている。1つは，文字どおり，「寝たきりは予防できる」ということを広く啓発する，2つ目は，従来，寝たきりの原因となっていた疾病の発生予防，そして，適切なリハビリテーション施設の提供と，その提供を円滑に行うためのシステム作り，在宅福祉サービスの充実，居住環境の整備などである。換言すると，「ヤング・オールド作戦」は，高齢者が，できる限り「若々しい高齢者（ヤング・オールド）」として，健康で生き生きとした生活を送れるようにするための一連の施策を名付けたもので，特に「前期高齢者（65歳～74歳，ヤング・オールド）」に関して，積極的な社会参画を進めるねらいも込めている。さらに5）については，利用者に対する適切な情報提供が強調され，介護サービス事業者に関する情報を電子情報網（ネットワーク）を介して提供するなどの情報整備，事業者による情報開示，介護サービスの質の評価を促進することが重視されている。なお，6）高齢者の保健福祉の基礎を支える社会的基礎の確立については，高齢者保健福祉の質的向上を図るための基礎を支える科学技術の研究の推進，国民皆が介護にふれ参画できる機会の提供，高齢者や障害者にやさしいまちづくりの推進が強調されている。

6. 少子化施策

わが国では，少子化対策として，「子育て支援社会の構築」を目指した「エンゼルプラン」が策定され，このプランの具体化の一環として「緊急保育対策等5か年事業」が1995年度に始まった。その内容は，低年齢児・延長・一時的保育，保育所の整備・充実などで，1996年度は2187億円の予算が計上されていた。さらに，少子化への基本的な施策としてスタートしたエンゼルプランも1999年度には終了し，新たな基盤整備計画が2000（平成12）年度から「新エンゼルプラン」として始まっている。

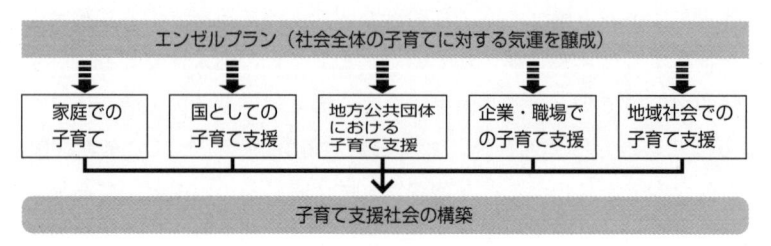

図3-1-5　エンゼルプランの位置付け

基本的視点
① 子どもを持ちたい人が，安心して出産や育児ができるような環境を整備します。
② 家庭における子育てを支援するため，あらゆる社会の構成メンバーが協力していくシステムを構築します。
③ 子育て支援の施策の中では，子どもの利益が最大限尊重されるようにします。

施策の分野
① 子育てと仕事の両立支援
② 家庭における子育ての支援
③ 子育てのための住宅及び生活環境の整備
④ ゆとりある教育の実現と健全育成
⑤ 子育てコストの軽減

重点施策
・育児休業給付の実施
・多様な保育サービスの充実　など

・地域子育て支援センターの大幅拡充
・母子保健医療体制の充実　など

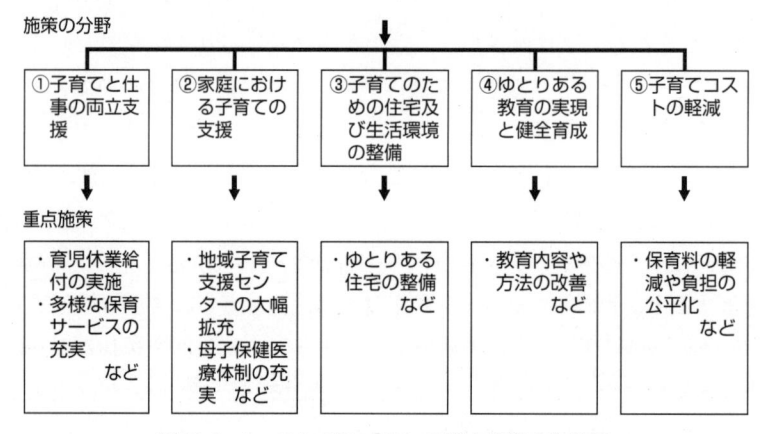

・ゆとりある住宅の整備　など

・教育内容や方法の改善　など

・保育料の軽減や負担の公平化　など

図3-1-6　エンゼルプランの基本的視点と施策
国民の福祉の動向（2001）

7. エンゼルプラン

子育てに対する公的な支援強化の声を受け，1994（平成6）年，文部・厚生・労働・建設の4大臣の合意により，子育ての支援施策が発表された。この計画は正式には「今後の子育て支援のための施策の基本的方向について」という名称であるが，一般的にはエンゼルプランと呼ばれている。これに基づき，福祉・雇用・教育・住宅などの施策が1999年

度まで推進された。また，エンゼルプランを実現するための具体的な目標値などを示した「当面の緊急保育対策等を推進するための基本的考え方（緊急保育対策等5か年事業）」が，大蔵・厚生・自治の3大臣の合意により，同年に策定され，低年齢児保育や延長保育等が推進されてきた。しかし，少子化の傾向には歯止めがかからず，1999（平成11）年5月第1回の「少子化対策推進関係閣僚会議」が開催され，今後の少子化対策の推進についての申し合わせがなされた。その中で決定された「少子化対策推進基本方針」において，"重点的に実施すべき対策の具体的実施計画を取りまとめること"とされたことから，大蔵・文部・厚生・労働・建設・自治の6大臣の合意により，同年に「重点的に推進すべき少子化対策の具体的実施計画について（新エンゼルプラン）」が策定された。

表3-1-2 重点的に推進すべき少子化対策の具体的計画（新エンゼルプラン）

○ 平成12年度を初年度として平成16年度までに重点的に推進する少子化対策の具体的実施計画（大蔵，文部，厚生，労働，建設，自治6大臣（すべて当時）合意）

（厚生労働省関係部分）

1. 保育サービス等子育て支援サービスの充実

事　項	平成11年度	平成16年度
① 低年齢児の受け入れ枠の拡大	58万人	68万人
② 多様な需要に応える保育サービスの推進		
・延長保育の推進	7,000ヵ所	10,000ヵ所
・休日保育の推進	100ヵ所	300ヵ所
・乳幼児健康支援一時預かりの推進	450ヵ所	500市町村
・多機能型保育所等の整備	7〜11年度の5カ年で 1,600ヵ所	16年度までに 2,000ヵ所
③ 在宅児も含めた子育て支援の推進		
・地域子育て支援センターの整備	1,500ヵ所	3,000ヵ所
・一時保育の推進	1,500ヵ所	3,000ヵ所
④ 放課後児童クラブの推進	9,000ヵ所	11,500ヵ所

2. 母子保健医療体制の整備

事　項	平成11年度	平成16年度
・国立成育医療センター（仮称）の整備等		13年開設
・周産期医療ネットワークの整備	10都道府県	47都道府県
・小児救急医療支援の推進	118地区	13年度までに 360地区 (2次医療圏)
・不妊専門相談センターの整備	24ヵ所	47ヵ所

国民の福祉の動向（2001）

新エンゼルプランの主な内容は，

1）保育サービス等子育て支援サービスの充実
2）仕事と子育ての両立のための雇用環境の整備
3）働き方についての固定的な性別役割分業や職場優先の企業風土の是正
4）母子保健医療体制の整備
5）地域で子どもを育てる教育環境の整備
6）子どもたちがのびのび育つ教育環境の実現
7）教育に伴う経済的負担の軽減
8）住まいづくりやまちづくりによる子育ての支援

となっている。子どもをエンゼル（天使）にたとえ，ゴールドプラン（厚生省が進めてきた高齢者保健福祉推進10カ年戦略）の「子ども版」として1995（平成7）年度から5カ年計画で進めてきたエンゼルプランは，文部，厚生，労働，建設の4大臣の合意にとどまっていたが，新エンゼルプランはこれに財政当局の大蔵と自治の両大臣が加わり，より強固な布陣で対策が推進されることが志向され，以下の施策内容が具体的に展開されることになっている。

上記の1）の施策内容としては，①低年齢児の受け入れ拡充や多様な保育サービスの充実，②在宅の乳幼児も含めた子育て支援，③放課後児童クラブの推進が強調されている。2）については，①育児休業を取りやすく，職場復帰のしやすい環境の整備，②子育てをしながら働き続けることのできる環境の整備，③出産・子育てのために退職した者の再就職支援となっており，さらに3）については，①男女雇用機会均等の確保など固定的な性別役割分業の是正，②職場優先の企業風土の是正が，加えて4）では，医療センターの整備，小児救急医療支援の推進，不妊専門相談センターの整備などの母子保健水準の改善が盛り込まれている。また5）の地域で子どもを育てる教育環境の整備では，①子どもの体験活動等の情報提供及び機会と場の充実，②地域における家庭教育支援のためのネットワークの整備，③余裕教室の有効利用も含めた，学校と地域との交流機会の充実があげられ，6）の子どもたちがのびのび育つ教育環境の実現に関しては，①学習指導要領等の改訂，②平成14年度からの完全学校週5日制の実施，高等学校教育の改革及び，中高一貫教育の推進が，そして7）の教育に伴う経済的負担の軽減では，育英奨学事業・幼稚園就園奨励事業等の拡充が，また最後の8）の住まいづくりやまちづくりによる子育ての支援においては，①ゆとりある住宅生活の実現，②仕事や社会活動をしながら子育てしやすい環境の整備，③安全な生活環境や遊び場の確保が施策内容を構成している。

8．障害者施策

1995（平成7）年12月18日の障害者対策推進本部（本部長：内閣総理大臣）の会議において，1996（平成8）年度を初年度とし，2002（平成14）年度までの7か年を計画期間とする「障害者プラン〜ノーマライゼーション7か年戦略〜」が決定された。

この計画は，関係19省庁からなる障害者対策推進本部（1996年1月19日「障害者施策推進本部」に改称）において1993年3月に策定された「障害者対策に関する新長期計画」を，さらに具体的に推進していくための重点施策実施計画として位置付けされたものである。

国の障害者白書によれば，現在わが国の障害者人口はおよそ450万人と言われ，なかでも障害の重度化・高齢化が進み，より顕著となっていることが指摘されている。また，白書が指摘しているようにここ10年あまりの間に障害者を取り巻く環境も大きく進展しつつあり，とりわけ国際障害者年以降の，地域で障害者と健常者が共に生きる社会を目指すノーマライゼーション理念の台頭によって，障害者の自立と社会参加の可能性が広げられてきたことは，高く評価されるものである。

しかし，障害者の社会参加を阻む障壁も今なお数多く存在している。1995（平成7）年

表 3-1-3　当面障害者施策として緊急に整備すべき目標（平成14年度末の目標）

1. 住まいや働く場ないし活動の場の確保　　　　　　　　（現状）　　　　　　（目標）
   (1) グループホーム・福祉ホーム　　　　　　　　　　5千人分　→　　2万人分
   (2) 授産施設・福祉工場　　　　　　　　　　　　　　4万人分　→　　6.8万人分
   (3) 新たに整備する全ての公共賃貸住宅は，身体機能の低下に配慮した仕様とする。
   (4) 小規模作業について，助成措置の充実を図る。

2. 地域における自立の支援
   (1) 障害児の地域療育体制の整備
       重症心身障害児（者）等の通園事業　　　　　　3百ヵ所　→　　1.3千ヵ所
       全都道府県域において，障害児療育の拠点となる施設の機能を充実する。
   (2) 精神障害者の社会復帰の促進
       精神障害者生活訓練施設（援護寮）　　　　　　1.5千人分　→　　6千人分
       精神障害者社会適応訓練事業　　　　　　　　　3.5千人分　→　　5千人分
       精神科デイケア施設　　　　　　　　　　　　　370ヵ所　→　　1千ヵ所
   (3) 障害児の療育，精神障害者の社会復帰，障害者の総合的な相談・生活支援を地域で支える
       事業を，概ね人口30万人当たり，それぞれ2ヵ所ずつ実施する。
   (4) 障害者の社会参加を促進する事業を，概ね人口5万人規模を単位として実施する。

3. 介護サービスの充実
   (1) 在宅サービス
       ホームヘルパー　　　　　　　　　　　　　　　　　　　　　　　　4.5万人上乗せ
       ショートステイ　　　　　　　　　　　　　　　1千人以上　→　　4.5千人分
       デイサービス　　　　　　　　　　　　　　　　5百ヵ所　→　　1千ヵ所
   (2) 施設サービス
       身体障害者療護施設　　　　　　　　　　　　　1.7万人分　→　　2.5万人分
       知的障害者更生施設　　　　　　　　　　　　　8.5万人分　→　　9.5万人分

4. 障害者雇用の推進
       第3セクターによる重度障害者雇用企業等の，全都道府県域への設置を促進する。

5. バリアフリー化の促進等
   (1) 21世紀初頭までに幅広い歩道（幅員3m以上）が約13万kmとなるように整備する。
   (2) 新設・大改良駅及び段差5m以上，1日の乗降客5千人以上の既設駅について，
       エレベーター等の施設を計画的に整備するように指導する。
   (3) 新たに設置する窓口業務を持つ官庁施設等は全てバリアフリーのものとする。
   (4) 高速道路等のSA・PAや主要な幹線道路の「道の駅」には，全て障害者用トイレや
       障害者用駐車スペースを整備する。
   (5) 緊急通報を受理するファックス110番を全都道府県警察に整備する。

障害者プラン〜ノーマライゼーション7か年戦略（平成7年12月）
国民の福祉の動向（2001）

12月に国は「障害者プラン」を策定し，地域での自立生活の促進や雇用・就労・教育など社会的自立の推進，物理的バリア及び心のバリアを取り除くための方策などさまざまな政策課題を提起している。バリアフリーは，障害のある人が社会生活をしていく上で障壁（バリア）となるものを除去するという意味で，もともとは建築用語として使用されていた。現在では，障害のある人だけでなく，すべての人の社会参加を困難にしている物理的，

社会的，制度的，心理的なすべての障壁の除去という意味で用いられている。日本においては，昭和40年代半ばより，福祉のまちづくりとして建築物等の障壁除去についてさまざまな取組みがなされ始めた。1993（平成5）年に策定された「障害者対策に関する新長期計画」の中では，バリアフリー社会の構築を目指すことが明記されている。さらに，2000（平成12）年3月21日に，政府は内閣に「バリアフリーに関する関係閣僚会議」を設置している。これは，真のバリアフリー社会を築くために，関係各省庁の大臣が集まって幅広く議論する場として設置したものである。また，現在の障害者施策の基本理念のひとつであるノーマライゼーションの理念は，国際的に広く認められ，実現の水準に格差はあるものの，すべての国が障害者施策の目標をここに置いていると言っても過言ではない状況にある。ノーマライゼーションの理念は国連をはじめとする各種国際機関の取り組みによって世界中に広められたものである。特に1981（昭和56）年の国際障害者年及び1983（昭和58）年から1992（平成4）年までの「国連障害者の10年」の果たした役割は大きいものといえる。

9．障害者プラン

　国は，ライフステージのすべての段階において全人間的復権を目指すリハビリテーションの理念と，障害者が障害のない者と同等に生活し，活動する社会を目指すノーマライゼーションの理念の下，「障害者対策に関する新長期計画」を策定し，その推進に努めているところであるが，この理念を踏まえつつ，次の7つの視点から施策の重点的な推進を図ることを決めている。

　　1）地域で共に生活するために
　　2）社会的自立を促進するために
　　3）バリアフリー化を促進するために
　　4）生活の質（QOL）の向上を目指して
　　5）安全な暮らしを確保するために
　　6）心のバリアを取り除くために
　　7）わが国にふさわしい国際協力・国際交流を

これは1996（平成8）年度から2002（平成14）年度までの7か年計画となっている。具体的な施策内容として，
1）地域で共に生活するためには，
①住まいや働く場ないし活動の場の確保
②地域における障害児療育システムの構築
③精神障害者の保健医療福祉施策の充実
④介護等のサービスの充実
⑤総合的な支援体制の整備
⑥福祉施設の適正な立地の促進等
⑦障害者施設体系の見直しと施設・サービスの総合的利用の促進

⑧社会参加の推進
⑨マンパワーの養成・確保
⑩市町村中心の保健福祉サービス体系
⑪成年後見制度の検討
⑫所得保障
⑬難病を有する者への対応
が盛り込まれている。
2）社会的自立を促進するためには，
①障害のある子ども達に対する教育の充実
②教育相談体制・研修の充実
③後期中等教育段階における施策の充実
④法定雇用率達成のための障害種類別雇用対策の推進
⑤重度障害者雇用の推進
⑥職業リハビリテーション対策の推進，となっており，
3）のバリアフリー化を促進するためには，
①歩行空間の整備
②移動・交通対策の推進
③建築物の整備
④地方公共団体の福祉のまちづくりへの支援
⑤農山漁村における生活環境の整備，となっている。
4）の生活の質（QOL）の向上を目指してに関しては，
①福祉用具等の研究開発・普及
②情報通信機器・システムの研究開発・普及等
③情報提供の充実
④放送サービスの充実
⑤障害者スポーツ，芸術・文化活動の振興等
⑥公園，水辺空間等オープンスペースの整備
⑦障害者の旅行促進のための方策の推進
⑧食生活環境の改善があげられている。
5）の安全な暮らしを確保するためにということでは，
①地域の防犯・防災ネットワークの確立
②緊急時の情報提供・通信体制の充実
③災害時・緊急時の避難誘導対策の充実
④災害を防ぐための基盤の整備
⑤防犯・防災知識の普及
⑥防犯・防災設備の開発・普及の促進
6）心のバリアを取り除くために，ということでは，
①障害者への理解を深めるための教育の推進

②ボランティア活動の振興等
③障害者週間における啓発・広報活動の重点的展開
④「精神薄弱」用語の見直し
⑤精神障害者についての社会的な誤解や偏見の是正
　が，そして7）のわが国にふさわしい国際協力・国際交流においては，
①政府開発援助における障害者に対する配慮
②国際機関を通じた協力の推進
③国際協調・交流の推進
が強調されている。

文　　献
厚生統計協会　2001　国民の福祉の動向2001年　厚生統計協会

児童福祉関連施設

　1989（平成元）年，国連で採択された「子どもの権利条約」では，「子どもの最善の利益」，「子どものウェルビーイング」などをキーワードとし，子どもに「意見を表明する権利」などの主体的権利を保障している。こうした子どもの権利に対する国際的な高まりを背景に，わが国でも1998（平成10）年に児童福祉法が50年ぶりに改正された。しかし，子どもの権利を実質的に保障する法的改善とはならず，子どもの権利に関する認識は概して低いと言わざるをえない。特に，家族からの適切な監護・養育を受けられない子ども（要保護児童）に対する権利擁護の取り組みや権利侵害に対する対応は不十分であり，今後は法的，財政的な整備とともに，実質的に子どもの権利保障をしていく姿勢が求められている。

　ここでは，児童福祉施設の中から，特に児童養護施設について，現代の利用者の傾向やサービスの特徴などを中心に概観していくこととする。

1．児童養護施設の目的

　児童福祉法によると児童養護施設とは，「乳児を除いて，保護者のない児童，虐待されている児童，その他環境上養護を要する児童を入所させて，これらの者を保護すると共に，その自立を支援することを目的とする施設」（児童福祉法第41条）である。

　厚生労働省の報告（1999年4月1日現在）によると，児童養護施設は全国に552施設あり，そのほとんどが私立である。入所定員は33,792人，在籍人数は27,195人で，充足率は80パーセントという状況である。これは，少子化の影響もあるが，児童福祉サービスの体系が今日の複雑化した児童養護ニーズに対応しきれておらず，ニーズが潜在化しているためで，決して要保護児童が減少しているということではない。

　児童養護施設は，児童福祉法が制定される以前は，孤児院，育児院という名称で長い間呼ばれ，孤児や棄児などの保護にあたっていた。戦後，戦災孤児や引き上げ孤児など12万3500人にものぼる浮浪児が町にあふれ，これらの児童に対する保護と同時に，児童に対する総合的な法律を制定することが早急の課題となった。こうした背景のもと，1947（昭和22）年に児童福祉法が制定されることとなるが，その対象を特殊児童に限定することなく全児童としている点で，当時では画期的なものであったといえる。

　児童福祉法の基本原理は第1条から第3条で示されており，あらゆる児童福祉サービス

の基盤となっている。そこでは，子どもは本来平等に養育され愛護されるべき存在であり，すべての国民にその責務があることが明らかにされている。さらに，国・地方公共団体の公的責任を明確にし，家族によって適切な監護・養育を受けられない場合は，公的責任のもと，社会的に養護されることが子どもの権利であることが述べられている。

また，児童福祉施設最低基準では「児童福祉施設に入所しているものが，明るくて衛生的な環境において素養があり，かつ適切な訓練を受けた職員の指導により，心身ともに健やかにして，社会に適応するように育成されることを保障するものとする」とし，子ども達は施設において，家庭に代わる安定した環境を与えられ，専門的援助のもと，将来の社会生活に向けて発達していくことが保障されている。

1998（平成10）年に児童福祉法は50年ぶりに法改正が行われ，養護施設から現在の児童養護施設へと名称が変更され，また，施設の目的として自立支援が加えられた。さらに，最低基準についても，施設長の懲戒権乱用の禁止，居室面積基準など，若干の変更がなされている。

2．利用者の理解

(1) 入所経路

児童養護施設への入所は，児童相談所による措置という形でなされる。児童相談所とは，各都道府県に設置義務がある公的な相談機関であり，1999（平成11）年には全国に174箇所設置されている。

児童相談所には，学校，親戚，近隣，市町村，保健所，医療機関，警察などさまざまな経路から文書，電話，来所などにより相談が持ち込まれる。養護相談には棄児，家出，死亡，離婚，傷病，家族環境，虐待等が含まれるが，1991（平成3）年度に比べ，棄児，死亡，家出などは減少している一方，離婚，家族環境，虐待など家族病理とも言うべき問題が増加している（図3-2-1）。特に虐待を主訴とする相談は10年前に比べ，20倍近く増加している。

児童相談所では持ち込まれた相談に対し，他職種からなる専門家グループが，児童の処遇として在宅指導あるいは施設入所などを最終的に決定する（図3-2-2）。前述の法改正により，措置に対して，子どもと保護者の意向を記載すること，処遇を決定するのが困難な児童に対しては，児童福祉審議会の意見を聞くことが規定された。措置という形が存続している児童養護施設の入所においては，他の福祉サービス利用者のようにサービスの選択や自己決

資料　厚生労働省「社会福祉行政業務報告」

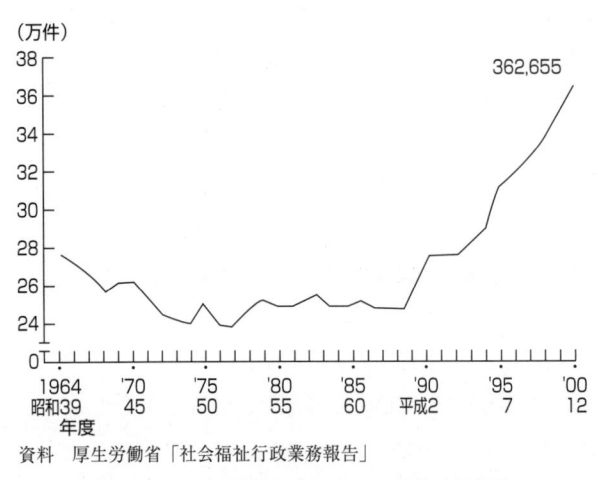

図3-2-1　児童相談所における相談受付件数

定が保障されていない。そこでこれらの規定が措置による施設利用者の権利保障の一環として機能することが期待されている。

(2) 入 所 理 由

　児童養護施設はもともと，孤児や棄児など親のいない子どもを対象に家庭代替的な役割を担ってきた。それはいわば不幸な境遇に見舞われた少数派の子どもを公的な責任のもと養護するというものであり，福祉的な恩恵という要素が濃かったといえる。それが，施設は親のないかわいそうな子どもがいる場所だという人々のイメージを生み出してきたといえよう。しかし，現在は施設に入所している子どもには何らかの形で親がいることが多い。入所理由について，児童養護施設入所児童を対象とした1992（平成4）年の調査結果を参考のため時頁に示す（表3-2-1）。

　最近の動向として，養護問題が発生した主たる理由を1つだけたずねた1998（平成10）年度の資料によると「父母の行方不明」が14.9パーセント，「父母の就労」が14.2パーセント，「父母の入院」が9.1パーセントとなっている。なお，「父母の死亡」は3.5パーセントであり，ひとり親あるいは両親がいるケースが多いことがわかる。一般的に「虐待」とされる「放任・怠惰」，「虐待・酷使」，「棄児」，「養育拒否」を合計すると，児童養護施設児15.9パーセントで，虐待を理由とした入所の比率は年々高くなっている（表3-2-1）。

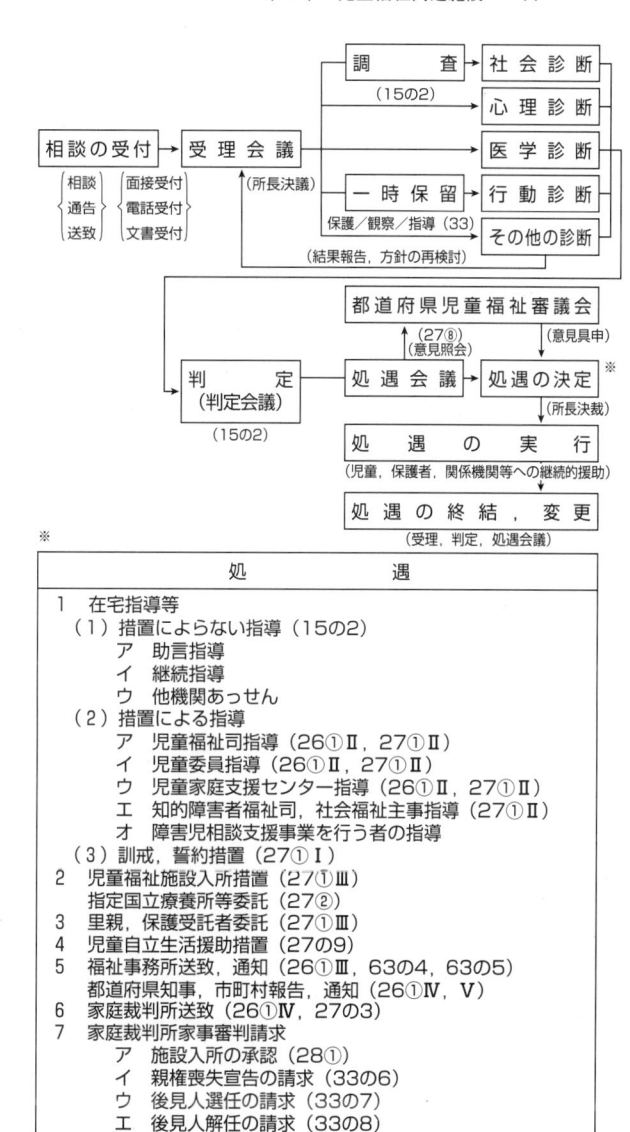

（数字は児童福祉法の該当条項等）
資料　厚生労働省雇用均等・児童家庭局「児童相談所運営指針」

図3-2-2　児童相談所における相談援助活動の体系

表 3-2-1　施設入所の理由

児童総数	26,725人
両親の死亡	4.7%
両親の行方不明	18.5%
両親の離婚	13.0%
両親の不和	1.6%
両親の長期拘束	4.1%
両親の長期入院	11.3%
両親の就労	11.1%
両親の性格異常・精神障害	5.6%
両親の放任・怠惰	7.2%
両親の虐待・酷使	3.5%
棄児	1.0%
養育拒否	4.2%
破産等の経済的理由	3.5%
児童の問題による監護困難	6.2%
その他	4.5%

全国児童養護施設長研究協議会資料参照（1992年12月1日現在）
「養護施設入所児童等調査結果の要点」から引用
http://www.mhlw.go.jp/topics/0101/tbol0-2.html

表 3-2-2　相談内容別受付件数の年度別推移（平成11年4月1日現在）

種別 年度	総数	養護相談	非行関係相談	障害相談	育成相談	その他の相談
平成 9 年度（1997）	326,515	33,794	17,308	169,996	70,995	34,422
平成10年度（1998）	336,241	36,819	17,669	177,059	70,881	33,813
平成11年度（1999）	347,833	44,806	17,072	183,748	69,108	33,099

平成11年厚生省報告例年度報（児童福祉関係）

表 3-2-3　虐待に関する処理件数推移

平成2年度	平成3年度	平成4年度	平成5年度	平成6年度	平成7年度	平成8年度	平成9年度	平成10年度	平成11年度	平成12年度
1,101 〈100〉	1,171 〈106〉	1,372 〈125〉	1,611 〈146〉	1,961 〈178〉	2,722 〈247〉	4,102 〈373〉	5,352 〈486〉	6,932 〈630〉	11,631 〈1,056〉	18,804

＊平成12年度は受付件数　注）上段〈 〉内は，平成2年度を100とした指数(伸び率)である

表 3-2-4　虐待内容別相談件数

種別 年度	総数	身体的虐待	保護の怠慢ないし拒否	性的虐待	心理的虐待
平成 9 年度	5,352 (100%)	2,780 (51.9%)	1,803 (33.7%)	311 (5.8%)	458 (8.6%)
平成10年度	6,932 (100%)	3,673 (53.0%)	2,213 (31.9%)	396 (5.7%)	650 (9.4%)
平成11年度	11,631 (100%)	5,973 (51.3%)	3,441 (29.6%)	590 (5.1%)	1,627 (14.0%)
平成12年度	18,804 (100%)	9,337 (49.7%)	6,869 (36.5%)	697 (3.7%)	1,901 (10.1%)

＊平成12年度の受付件数　　　　　　　　　平成11年度厚生省報告例年度報（児童福祉関係）

表3-2-2，表3-2-3，表3-2-4はいずれも平成11年度厚生省報告例年度報（児童福祉関係）　注）平成12年度の数値は「児童相談所における児童虐待相談等の状況報告」雇用均等・児童家庭局総務課から引用　http://www.mhlw.go.jp/hordou/0106/h062/-4.htlm

(3) 利用者の理解

1995（平成7）年に全国養護施設協議会制度検討特別委員会が公表した「養護施設の近未来像」によると、今日の児童養護施設の子ども達の状況は、次の3つのケースに分けられる。

1) 親機能の欠損から生じる養護ケース

複雑化した社会に対して不適応を起こし、病理的家族機能障害を抱えた多問題家族という像が浮かび上がる。ここでは、アルコール依存、ギャンブルや薬物に走ったり、あるいは精神障害的な問題をもつ親が目立つ。両親死亡、棄児、貧困、親の蒸発、親の長期入院など、経済的貧困が問題を引き起こしているケースが多い。

2) 親機能の低下から生じる養護ケース

家庭の養育機能の低下から生じる養護ケースで、家事、育児など親としての知識や技術などの乏しさや、未婚の若年の母など未成熟な親の出現が目立つ中で、親子関係が不調になり児童に発達の遅れや情緒不安から生じる問題が現れるケースである。

3) 問題行動をもつ高年齢児童のケース

多問題家族の中で育つ児童や、養育機能の低下によって親子関係が不調になり発達のゆがみがみられる児童のうち、特に思春期を迎えた児童の不登校などの情緒障害的な行動や、非行問題がみられ、近年増加しているケースである。

以上、現在施設を利用している子どもは、入所する以前にさまざまな経験から心に傷を負っていることが多く、生活面だけでなく心理面のケアも含めた特別な対応が必要とすることが多い。特に本来、自分を最も愛し守ってくれるはずの親から見捨てられたという経験は大きな傷となり、その後の生活におけるさまざまなつまずきへとつながっていくのである。

さらに、高年齢児の増加も最近の傾向としてあげられる。児童養護施設に入所中の児童を対象とした調査では、入所中の中学生および高校生の割合は合わせて36パーセントにも上っている。特に、思春期に入って施設に入所してきた子ども達は、長期にわたって困難な状況に置かれ、どうしようもなくなって入所してきているため、問題はさらに複雑で深刻であると言える。

また1998（平成10）年の児童福祉法改正により、虚弱児施設が児童養護施設に移行されたため、今後は、軽度の障害や慢性疾患をもった子ども達も入所してくると思われる。

3．サービスの特徴

現在、施設に入所してくる子ども達の個別で複雑な事情を考慮すると、援助にあたっては、人間としての共通の権利を保障していきながら、個々の児童にあった援助方針を決定し、実践していくことが重要である。現在その子がどのような状況にあるのか、何が克服すべき問題なのかを明らかにし、その認識を深めさせるように努力しなければならない。また、子ども達の主体性を育み、自己実現ができるように援助することが、すべての援助の根底にあるといえる。

(1) 生活技術について

　生活面では，食事，掃除，入浴，買い物など日常的な仕事を子どもの間で分担したり，職員と共に行ったりして，生活技術を体得できるよう援助を行う。また，集団生活の中でお互いに協力して活動する姿勢も同時に学べるよう働きかけをする。従来，施設で与えられてきた援助は，こうした衣食住を含めた生活技術に関連するものが中心であり，自立支援の一環として位置付けられてきた。1998（平成10）年の児童養護施設に入所中の年長児童を対象にした調査によれば，社会的自立に関わる行動として最も多く経験しているものをたずねたところ，最も多かったのは「自分の気に入った洋服や持ち物を選んで買ったこと」で91.0パーセント，逆に最も少なかったのは「自分や友人たちと計画して旅行したこと」で21.0パーセントであった。自分たちで主体的に決定するという自立に関わる活動を経験することが少ない状況がうかがえる。

(2) 自立支援について

　これまでは義務教育を終えると，施設を出て社会で働くのが当然であり，その傾向はいまだ残っていると言える。しかし現在の入所児童は，入所にいたるまでに数々の苦難を味わい，心理的・精神的な面でハンディを抱えているだけでなく，自立に必要な基本的技術が身についていないため，社会に出ても簡単に挫折してしまう。前述の児童養護施設入所中の年長者を対象とした調査によると，施設を出て，自活することに自信があると答えた児童は，33.5パーセントとなっており，性別では男子が40.0パーセントであるのに対して，女子が27.9パーセントと少ない。また，学年別では中学3年生で34.5パーセントであるのに対して，高校3，4年生では37.4パーセントとなっている。

　「自立」に関する共通認識が確立していない現在，施設では子どもに主体性と責任感を育むために，それぞれ独自に活動を展開している。たとえば，さまざまな構成員からなる小規模な話し合いの場を設けたり，子どもの自治会や子ども主体の会議を組織するなどして，子どもの選択と決断を促がし，尊重し，責任を負うことを学ぶよう援助する。あるいは，旅行を計画し実施する，金銭を自主的に管理し使用する，職場に見学に行く，先輩の体験談を聞く，施設内で一人暮らしの体験をさせる，などのさまざまな取り組みが行われている。また，他者との良好な関係を築く能力も自立生活には欠かせない。しかし，幼児期に親から引き離され，施設に入所した子どもにおいては，特定の養育者との間に十分な愛着関係が確立できていない場合が多い。こうした関係はその後の他者との関わりを築いていく上で基盤となるものであり，これを損なうことが，将来の対人面での障害へとつながっていく。したがって，このような児童に対しては，自立支援の一環として，特定の担当者とのあいだに継続した愛着関係を築くことが必要であろう。

(3) 心理的ケア

　既に述べたように，現在入所してくる子どもの多くが，それまでの生活歴のなかで困難な状況と遭遇したり，周囲の大人に裏切られるなどして，心に傷を負っている。そこでこういった子ども達に対する，心理的なケアは重大な課題であるといえる。傷ついた心に対

するケアでは，社会や大人に対する信頼を回復するために，子どもとの間に温かな共感関係を築くことが不可欠である。また，自由な雰囲気の場で，自分は安全であることを実感させることにより，自己実現へと進んでいく意欲をもたせることも重要である。特に高年齢児においては，自立までの期間が短い上に，複雑化してしまった問題を抱えているため，他者や社会に対する信頼を取り戻すのは容易ではない。

近年，こうした虐待などの家庭環境上の問題を理由として，児童養護施設に入所する児童の割合が増加していることを受け，心理療法を必要とする児童が一定数以上入所している施設に，心理療法を行うための非常勤職員を配置することが規定されている。

(4) 学習の援助

児童養護施設から高校への進学が認められたのは，国民全体の高校進学率が90パーセントに達した1973（昭和48）年である。近年，施設に在所している児童の高校進学率が上がり，学習に対する援助や進学指導も児童養護施設で行われる援助の中で重要な位置を占めてきている。児童養護施設入所児童のうち，中学3年生の高等学校または各種学校への進学を希望する者の割合は，82.7パーセントであり，まだ考えていない者は5.7パーセント，進学を希望していない者は11.6パーセントとなっている。また，男子（80.1パーセント）よりも女子（86.0パーセント）の方が進学希望の割合は高い。しかし，進学希望が増えているにもかかわらず，現在養護施設の高校進学率はいまだ6割台に留まっている。子どもに勉強を教える等の学習ボランティアも多く存在するが，学習するのに十分な設備や環境が整えられていないなど，現状況では学習上のサポートに不備が多いと言わざるをえない。

(5) 家庭に対する援助

入所児童に何らかの形で親がいることが多い現在では，将来の家庭復帰を視野に入れ，問題をもった親自身に対するケアと同時に，子どもと親や家族との関係が修復されるよう援助をしていくことが施設の役割となってきている。親と子どもの希望を踏まえた援助計画を作成する，面会や家庭訪問を行い親の悩み相談にのる，といった活動が展開され，子どもが家庭生活を取り戻せるよう支援が行われている。また最近は，ファミリーソーシャルワークを重視する施設が増加している。

(6) 地域に対する援助

児童養護施設は従来，子どもに適切な養育を与えられない家庭に対して，その代替的役割を担ってきた。しかし，今後は地域のすべての家庭を対象として子育てを共に行っていく，すなわち家庭の補完的役割が求められている。さらに，1998（平成10）年の法改正により，児童家庭支援センターが既存の児童福祉施設に併設されることになった。これにより，施設は長年の実践で蓄えたノウハウを活かし，地域の子育て支援における中心的な役割を果たしていくことが期待されている。地域に開かれた施設となることにより，今まで閉鎖的であったゆえの弊害を解消しながら，家庭との共同子育てを実現していくことが

望まれる。

4．有意義な体験を目指して

　児童養護施設で子どもと関わるのは有意義である反面，子どもへの影響の大きさを考えると非常に難しいと言わざるをえない。そこで，いくつかの問題を提示することにより，施設で子どもと関わる際の留意点を述べることとする。

　まず第一に，被虐待児に代表されるような扱いにくい児童への対応に職員が振り回されてしまうことがあげられる。この場合，子どもの生育歴や現在の問題行動の背景を十分に理解することが必要である。大人をいらつかせるような行動パターンに振り回されることなく，そのような行動を身につけてしまったのは決してその子どものせいではないといったことを認識していなければならない。子どもは次から次へ職員に要求を出し，職員を試すような行動をとる。これらの要求に応じることは困難である一方で，その子どもとの信頼関係を確立させる絶好のチャンスととらえることもできる。どうして子どもがそのような行動をとるかを十分考慮しながら，温かく共感に満ちた関係を維持していくことが重要である。忍耐力が求められるが，一人で抱え込まず，周りの支援を得て継続することにより一歩ずつ子どもに近づけるのである。

　また，施設職員の子どもの権利に対する認識がいまだ低いという問題もある。依然として大舎制が多いわが国においては，便宜上，管理的養護が行われ，子どもの自己決定などの権利が侵害されていることが多い。最近発覚されてきた施設における体罰事件は，子どもの人権侵害の最たるものである。こうしたことは，子どもの権利に対する専門職の意識の低さがもたらしていると言っても過言ではない。さらに，施設の閉鎖性が，この状況を悪化させていると言える。外部からの批判がないため，常識では通じないことが，施設のなかではまかり通ってしまうことがある。したがって，子どもと接する際には常に，子どもの権利を念頭におき，子どもの側に立って子どもの最善の利益を考えながら関わりをもっていく必要があるだろう。それと同時に，施設を開かれたものにしていくよう，職員は努力していかなければならない。

　施設にいる子ども達は社会のゆがみをその小さな体に一身に受けてしまった犠牲者である。おそらく実際に児童養護施設に行くと，その不遇な境遇にもかかわらず，一見明るく元気な子どもが多いことに驚くであろう。しかし，施設の子ども達は，確かに心に大きな傷を抱えており，関わりが長くなればなるほど，それを職員に示し，助けを求めてくる。子どもと関わる大人は，決して逃げずにそれに向き合わなければならない。未来を背負う子ども達が生き生きと自己実現できるよう援助していくことがわれわれ大人の責務であることを常に念頭においておかなければならないのである。

文　献

浅倉恵一・神田ふみよ・喜多一憲・竹中哲夫　2001　児童養護への招待－若い実践者への手引き（改訂版）
　　ミネルヴァ書房

浅倉恵一・峰島厚　2000　子どもの福祉と施設養護（改訂版）　ミネルヴァ書房
厚生省児童家庭局企画課　1999　平成11年度厚生省報告例年度報（児童福祉関係）について
雇用均等・児童家庭局総務課　2001　児童相談所における児童虐待相談等の状況報告　厚生労働省
雇用均等・児童家庭局福祉課　2001　養護施設入所児童等調査結果の要点　厚生労働省
全養協制度検討特別委員会　1995　「養護施設近未来像」報告書　全国養護施設協議会
髙橋重宏　1998　子ども家庭福祉論－子どもと親のウェルビーイングの促進－　放送大学教育振興会
平湯真人　2000　施設で暮らす子どもたち(第3版)　明石書店

推薦図書
髙橋重宏　1998　子ども家庭福祉論－子どもと親のウェルビーイングの促進－　放送大学教育振興会
平湯真人　2000　施設で暮らす子どもたち(第3版)　明石書店

身体障害者関連施設 3

1．身体障害者施設

(1) 身体障害者福祉施設の概要と設置目的

　身体障害者福祉施設は「身体障害者福祉法」に定められている施設であり，図3-3-1の「身体障害者更生援護施設の概要」に示すように障害の種類，程度に応じて設置された各種の施設がある。これらの施設は，1999年現在，全国に1,668施設（定員51,368名）あり，表に示すように4つに大別されている。このうち，介護体験実習が可能な主要な施設は，更生施設では「重度身体障害者更生援護施設」，生活施設では「身体障害者療護施設」，作業施設では「身体障害者授産施設」および「重度身体障害者授産施設」である。したがって，以下ではこれら施設の目的や内容，入所者の特性を概観することにする。

　1) 重度身体障害者更生援護施設　重度身体障害者更生援護施設は，法第29条に定められた身体障害者更生施設の一種であり，職業的更生は困難であるが自助動作の機能回復の可能性があると判定される重度の肢体不自由者又は重度の内部障害者を入所させて，家庭復帰に必要な日常生活能力の回復に重点をおいたリハビリテーションを行う施設である。入所期限はおおむね5年以内とされており，入所者各人に対する指導計画によって適宜決定される。施設数は近年徐々に増加しており，1985（昭和60）年に52施設（定員3,545名），1990年61施設（定員4,185名），1999年73施設（定員5,005名）となっている。入所者は，脳性まひ等の生まれながらに障害をもっている人だけではなく，脳血管障害や事故等で中途障害になった人も多い。入所者の実態は，家庭復帰することが困難で，入所期間が5年以上の長期に渡っている者も多く，施設の平均年齢は年々高齢化している。

　2) 身体障害者療護施設　身体障害者療護施設は，法第30条に定められた施設であり，身体障害者であって常時の介護を必要とするもので，家庭で介護を受けることの困難な最重度の障害者を入所させて，治療及び養護を行う施設である。医学的な管理のもとで個人個人に見合った日常生活動作および生活指導が行われている。入所対象者は，身体障害者手帳の交付を受けている18歳以上の肢体不自由者で，日常生活の基本動作が困難で，その大半を介助にたよらなければならない者で，かつ当面，入院等の医療管理を必要としない者となっている。

第3章 身体障害者関連施設

施設福祉施策
├─ 更生施設
│   ├─ 肢体不自由者更生施設
│   │   障害の程度の如何に関わりなく相当程度の作業能力を回復しうる見込のある人を対象とし，更生訓練を行う（入所期間は1年を原則）
│   ├─ 視覚障害者更生施設
│   │   あんま，はり，きゅう等職業についての知識技能，訓練を行う施設（入所期間2～5年）
│   ├─ 聴覚・言語障害者更生施設
│   │   更生に必要な治療及び訓練を行う施設（入所期間1年を原則）
│   ├─ 内部障害者更生施設
│   │   医学的管理の下に更生に必要な指導，訓練を行う施設（入所期間は1年を原則）
│   └─ 重度身体障害者更生援護施設
│   重度の肢体不自由者または重度の内部障害者を入所させ，家庭復帰に必要な日常生活能力の回復に重点をおいて各種のリハビリテーションを行う施設（入所期間おおむね5年以内）
│
├─ 生活施設
│   ├─ 身体障害者療護施設
│   │   身体上の著しい障害のため常時介護を必要とするが，家庭ではこれを受けることの困難な最重度の障害者を入所させ，医学的管理の下に必要な保護を行う施設
│   └─ 身体障害者福祉ホーム
│   身体上の障害のため家庭において日常生活を営むのに支障のある身体障害者が自立した生活を営む施設
│
├─ 作業施設
│   ├─ 身体障害者授産施設
│   │   雇用困難または生活に困窮する人を対象とし，必要な訓練を行い，職業を与えて自活させる施設（最終的には一般事務所に就職若しくは自営等で，自活させることを目的としているので，入所期間は一定でない）
│   ├─ 重度身体障害者授産施設
│   │   重度の身体障害のため，ある程度の作業能力を有しながら，特別の設備と職員を準備しなければ，就業不可能な障害者を入所させ，施設内で自活させることを目的とする施設
│   ├─ 身体障害者通所授産施設
│   │   身体障害者授産施設の一種であり，内容は身体障害者授産施設と同じであるが，利用者は通所者に限られる
│   └─ 身体障害者福祉工場
│   生産能力があっても，通勤事情等のため，一般の企業に就職することの困難な車いす障害者等のための工場
│
└─ 地域利用施設
    ├─ 身体障害者福祉センター（A型）
    │   身体障害者の各種の相談に応ずるとともに，健康の増進，教養の向上，運動，娯楽など保健・休養のための施設
    ├─ 身体障害者福祉センター（B型）
    │   外出や就労の機会が得られない在宅重度障害者が通所して，創作活動，軽作業，日常生活訓練等を行うための施設
    ├─ 在宅障害者デイサービス施設
    │   身体障害者日帰り生活・介護（デイサービス）事業を行うための施設
    ├─ 障害者更生センター
    │   障害者，家族，ボランティア等が気軽に宿泊，休養するための施設
    ├─ 点字図書館
    │   視覚障害者の求めに応じて点字刊行物や声の図書の閲覧貸出しを行う施設
    ├─ 点字出版施設
    │   点字刊行物を出版する施設
    ├─ 聴覚障害者情報提供施設
    │   字幕（手話）入ビデオカセットの制作貸出，手話通訳者の派遣，情報機器の貸出等を行う施設
    ├─ 補装具制作施設
    │   補装具の制作または修理を行う施設
    └─ 盲人ホーム
        あんま，はり，きゅう等視覚障害者の職業生活の便宜を図るために施設を利用させ，技術の指導を行う施設

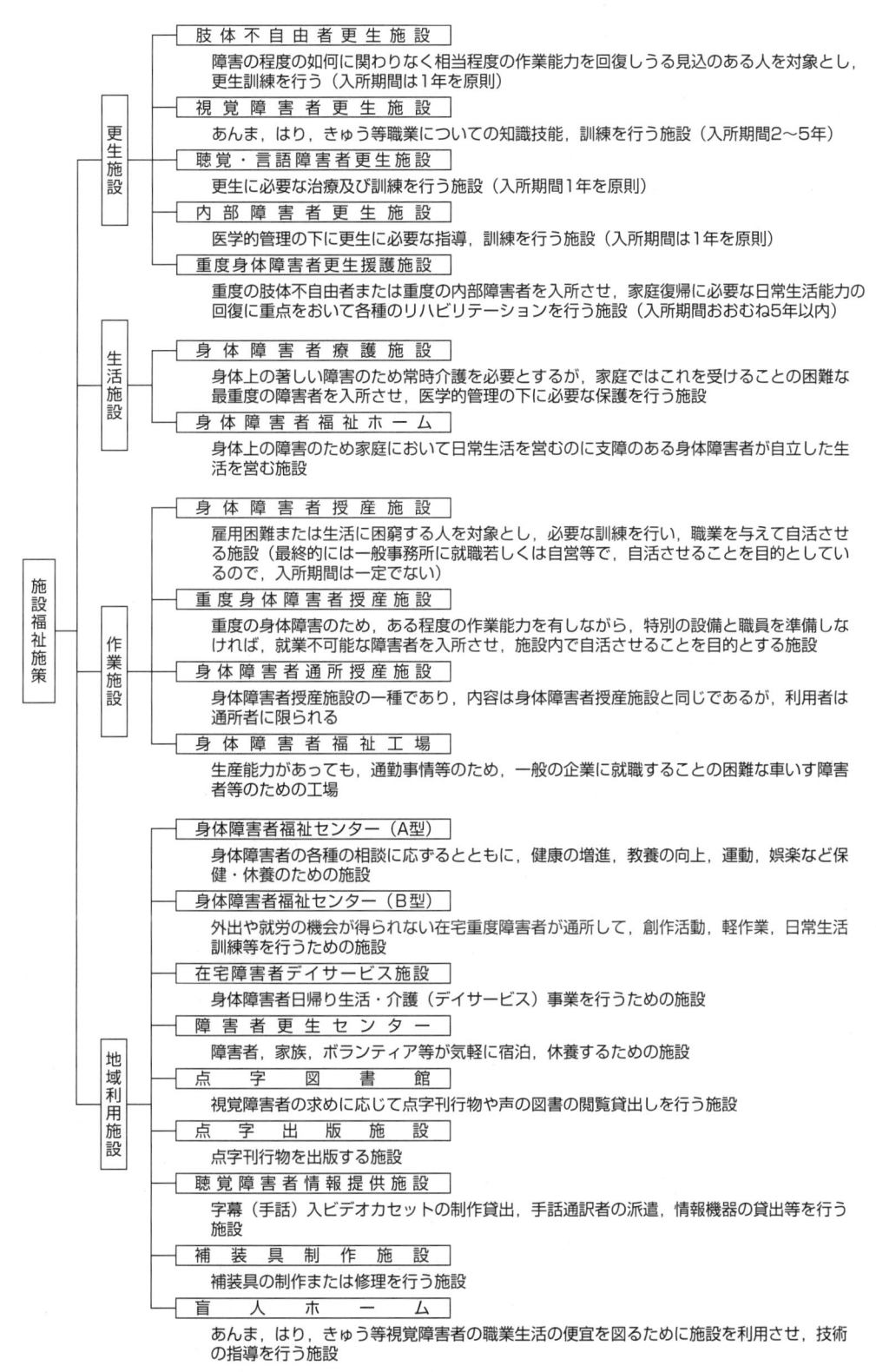

図3-3-1 身体障害者のための施設福祉施策の概要

施設数は年々増加しており，1985年に全国で167か所（定員10,470名）であったが，1990年には210か所（定員13,311名），1999年352か所（定員21,544名）となっている。

入所者の障害は，出生時からの脳性まひ，各種症候群，事故等による脊髄損傷，中高齢期からの脳血管障害，リュウマチの悪化等さまざまであるが，いずれも最重度の運動障害を有している。また，入所者の中には，運動障害は重いが知的機能は正常な者もいるが，いくつかの障害を合併している者もいる。したがって，各々の障害およびニーズに見合ったきめの細かい生活援助が必要である。入所期限がないので長期に入所している者が多い。

3) **身体障害者授産施設**　身体障害者授産施設は，法第31条に定められた施設であり，身体障害者で一般雇用が困難な者もしくは生活に困窮している者等を入所させて，必要な訓練を行い，かつ職業を与え，自活させる施設である。入所対象は，身体障害者手帳の交付を受けている雇用困難又は自力で生活することが困難な15歳以上の者となっている。入所期間は職業の種類，入所者の経歴等を勘案して各施設で適宜決定するとされているが，著しく長期にわたることによって更生意欲を阻害することのないように留意することとなっている。

施設数は1985年に87施設（定員4,479名）であったが，1990年に85施設（定員4,650名），1999年に81施設（定員3,773名）となっており，ノーマライゼーションの理念や障害者雇用促進法の普及および障害者自身の一般雇用に対するニーズを反映して近年徐々に減少してきている。

なお，この身体障害者授産施設の設置形態として，1979年から通所型施設を設けることが認められた。通所授産施設は，施設の機能や対象は身体障害者授産施設と同じであるが，通所によって必要な訓練を行い，職業を与えて自活させる施設である。施設数は，入所型授産施設が減少しているのに対して近年急速に増え，1985年に全国でわずか64か所（定員1,485名）であったが，1990年で109か所（定員2,611名），1999年では244か所（定員6,344名）となっている。施設規模は一施設の定員が20～30名という小規模な所が多いが，コンピュータを駆使して印刷業を営んだり，陶芸品や各種民芸品等の製造を行い，一般市場で販売している施設もある。入所者及び通所者の就労によって得られた収益は彼らに賃金として支給されるが，作業内容によって支給額には大きな差がある。

4) **重度身体障害者授産施設**　重度身体障害者授産施設は，身体障害者授産施設と同様に法第31条に定められている施設であり，重度の身体障害のために，作業能力をもちながらも当該施設以外の場所では就労することがきわめて困難な者の施設である。入所対象は，身体障害者手帳の交付を受け，職業又は自力で生活することが困難な15歳以上の重度の障害者となっている。健康管理に留意しつつ，職業的な更生訓練や生活指導が行われているが，特別な設備と職員体制を整え，施設内での自活を目標としている者もいる。入所期間は各人の作業能力等を勘案して適宜決定される。入所者の就労によって得られた収益は賃金として支給されるが，障害が重度であるために少額である場合が多い。

先に記した「身体障害者授産施設」が減少傾向にあるのに対して，この施設は増加傾向

にあり，1985年に全国で110か所（定員6,713名）であったものが，1990年に119か所（定員7,588名），1999年に127か所（定員8,308名）となっている。

(2) 身体障害者の理解

　一言で身体障害といってもその内容は多様であり，運動機能の障害だけではなく，視覚や聴覚，内部機能障害の障害も含まれ，かつ各々の障害の程度もさまざまである。しかし，上記に示した施設の利用者における障害は，運動障害（運動機能障害）が主となっていることから，ここでは運動障害についてその出現率の高い脳性まひと脳血管障害および脊髄損傷について説明することにする。

　1）脳性まひ　脳性まひは，「受胎から新生時期の間に生じた脳の非進行性病変に基づく永続的なしかし変化し得る運動および姿勢の異常」（1968年厚生省脳性麻痺研究班）と定義されている。脳性まひの主症状である運動および姿勢の異常は，脳の発達や身体発育とともに変化しながらも生涯にわたって永続的に存続する。障害の程度はさまざまであるが，施設の利用者には日常生活のほとんどにおいて常時介護を必要としている重度の者が多い。非進行性ではあるが，思春期以降に四肢や体幹の変形，頸椎症などの二次障害が生じて，獲得していた独歩や日常生活動作が不可能になる場合もある。

　また，脳の中枢神経系が障害を受けることから，知能，言語，視覚，聴覚などの障害やてんかん発作を伴う場合もある。このうち，知的機能や発語機能の障害およびその双方を随伴する率が高い。

　脳性まひを生理学的に分類すると痙直型（「つっぱり」が強い），アテトーゼ型（不随意運動が生ずる），および混合型（痙直とアテトーゼを併せもっている）等となる。また，障害の部位では，四肢まひ（quadriplegia：両上肢と両下肢のまひ），対まひ（parapligia：両下肢のまひ），両まひ（dipligia：両下肢のまひと両上肢の軽いまひ）が多く，片まひ（hemipligia：左右どちらかの上下肢のまひ）や単まひ（monopligia）は稀である。

　脳性まひの原因は，胎内で正常な発育を妨げるようなトラブルに遭遇したり，出産時に無酸素状態に陥ったり，難産や鉗子分娩で脳内出血を起こした場合，さらには出産直後に外傷・感染症・中毒症・脳血管損傷を被る場合が多い。

　2）脊髄損傷　脊髄は脳とともに中枢神経系を構成し，脳と末梢との間の知覚・運動の刺激伝達の中継および反射機能をつかさどっている。脊髄には知覚神経と運動神経が一対となった計31対の神経（頸神経8対，胸神経12対，腰神経5対，仙骨神経5対，尾骨神経1対）が通っている。脊髄損傷は，交通事故や転落，スポーツや産業事故等によって脊髄を損傷した場合に起こり，損傷した部位以下の神経が機能しなくなる障害をいう。損傷の程度は，神経機能が完全にダメージを受ける完全損傷と一部機能が残存している不全損傷がある。損傷部位以下の損傷の程度に応じて運動障害，知覚障害，膀胱結腸障害が出現する。一般的に頸部に近い神経の損傷ほど重度の障害となる。

3）脳血管障害　　脳血管障害の臨床分類はアメリカのNINDS（National Institute of Neurological Disorders and Stroke）が1990年に改訂した第3版（CVD-Ⅲ）が汎用されている。この分類によれば，狭義の脳血管障害に相当する局所性脳血管障害の中に，一過性虚血発作と脳卒中（Stroke）が分類され，脳卒中はさらに脳内の血管が切れて出血する脳溢血・くも膜下出血・静動脈奇形による頭蓋内出血と脳の血管が閉塞する脳梗塞に細分類される。このうち，脳溢血と脳梗塞の出現率がきわめて高く，高齢期だけではなく40代〜50代以降の中高年期にも生ずる障害である。

　脳の血管の「破れ」や「塞ぎ」は脳神経細胞に不可逆的なダメージを与え，運動障害や感覚障害，高次脳機能障害等の多様な障害をもたらす。以下にそれらの概要を述べる。

　運動障害：脳血管障害の多くは片まひ（hemipligia：左右どちらかの両上肢のまひ）の状態になる。このために身辺処理動作，歩行，起居動作，姿勢保持等が困難となる。

　感覚障害：多くの場合，まひが生じている上下肢の表在感覚（触覚・痛覚・温度覚等）と深部感覚（運動覚・位置覚・振動覚等）がまったくなくなったり鈍ったりするので，日常生活動作や姿勢保持に影響を及ぼす。

　高次脳機能障害：失語，失行，失認と呼ばれる症状を呈する。失語は言語障害（言語中枢の損傷によって理解力が低下したり発語に困難が生ずる）と顔面の筋肉の麻痺による構音障害に分類される。失行・失認は脳中枢の認知機能の損傷によって動作の遂行に支障をきたす症状をいう。

　精神障害：脳中枢の器質的な症状として感情失禁がみられることがある。また，痴呆，抑うつ，前頭葉症候群（知能低下・人格変化・見当識障害等）などを生ずることがある。これらに加えて，突然の発症によって心理的なダメージを受け，感情鈍麻，病状否認，抑うつ，退行，不安反応が混在してあらわれることがある。

(3) サービスの特徴

　今日，身体障害者施設だけではなく，すべての施設は大きく変わろうとしている。リハビリテーションやノーマライゼーションの理念の普及および社会福祉法改正や介護保険制度の導入によって，障害者や高齢者が住み慣れた地域で当たり前の生活が送れるような環境が整われつつある。施設を利用する場合にもサービスの基本は，「本人のニーズに基づき，自己決定を尊重した生活が送れるように援助する」となっている。2003年からは「支援費支給制度」が導入され，従来の措置制度から本人とサービス提供者が対等な立場で契約を結び，施設利用を含むすべてのサービスを本人が選択し，決定して受けられる制度に変更される。

　こうした背景によって，今後の障害者施設は障害者の地域における自立生活を支える拠点としての機能を有するようになり，施設の主流は人里離れた「大規模入所施設」から居住地域に密着した「小規模通所型施設」になってくるであろう。また，既存の施設も，従来の「衣食足りた物質的な生活保障の場」あるいは「指導・訓練，集団生活の場」から「より個別的で，より普通の暮らしができる場」，「ＱＯＬ（生活の質）を高められる場」に変化せざるをえない。したがって，今日の障害者施設は，ソフト面（施設運営のあり方

やサービスや援助方法の改善等）でもハード面（施設設備や環境の整備）でも抜本的な改革が求められているといえる。

(4) 有意義な体験を目指して

　先に記した身体障害者更生施設や授産施設における介護体験では，①日常生活行動（食事・排泄・入浴・着脱衣・整容），②各種作業活動，③機能回復訓練，④レクレーションや余暇活動の介護・援助を行うことが中心となる。介護技術が未熟なことはやむをえないが，介護の実施にあたって重要なことは，まず第1に利用者の障害の状態を正しく理解し，日々の活動上の困難点は何かを把握することである。脳性まひや脳血管障害，脊髄損傷等の障害の内容および程度は，きわめて複雑でその状態を総合的に把握することは容易ではない。しかし，各々の施設では各種専門家によるチームアプローチが行われているので，介護体験の際にはそれらの専門家から，それぞれの利用者の状態像に関する正確な情報を入手し，わからないことは質問し十分確認した上で介護にあたることである。本人が自らできることと，障害を被っているためにできないことを見極め援助することが大切である。第2に，介護・援助の基本は本人のニーズ，主体性・自己決定・選択制を尊重し，「何をどのようにしてほしいのか」を確認しつつ行うことである。脳性まひや脳血管障害の利用者の中には言語障害を伴っている者が多いので，その者が可能なコミュニケーションの方法も理解しておく必要がある。こうしたプロセスを経ずして，安易に「やればよい」，「まかせなさい」ということでは，かえって「ありがた迷惑」になりかねない。さらに，脊髄損傷や脳血管障害をもつ利用者の中には，人生の半ばで突然襲いかかってきた危機，生活の急変（中途障害）を受けとめられずに，対人関係をうまく形成できなかったり，さまざまな不適応行動をとる者もいるが，あくまでも人生の先輩として尊重する態度をもって接していくことが大切である。

　以上，まとめると，介護技術のないことを恐れない，援助の対象者をよく観察する，「小さな親切大きなお節介」にならないようにする，相手のニーズに合わせて対応することが，よりよい介護体験に結びつくと考えられる。

2．重症心身障害児施設

(1) 重症心身障害児施設の概要と設置目的

　重症心身障害児とは，知的障害と身体障害を併せもち，しかもそれぞれの障害の程度が重度である者をいう。知的障害児施設や肢体不自由児施設は戦後まもなく法制度が確立し入所施設が設立されたが，これらの施設は知的障害あるいは運動障害のみを対象としていたことから，知的障害と運動障害を併せもつ児童はどこにも受け入れられない状況であった。そこで，1967年に児童福祉法の一部が改正され，児童福祉施設に重症心身障害児施設が加えられた。児童福祉法第43条の4では重症心身障害児施設は，「重度の知的障害及び重度の肢体不自由が重複している児童を入所させて，これを保護するとともに，治療及び日常生活の指導をすることを目的とする施設」としている。

重症心身障害施設においては，対象とする児の障害特性により医療法上の病院としての機能・施設をもち，対象児を保護するとともに常時医療の管理下におき，個々に適した医療を行い，その残存機能を生かすこと，及び生活指導や情緒面の指導により，人格の形成を助長し，できる限り社会または家庭へ復帰させることを目的とした療育がなされている。児童福祉法によれば，設備は病院として必要な設備のほかに，観察室，訓練室，浴室を設け（法第72条），また職員は病院として必要な職員（医師，看護師等）のほか，指導員，保育士，心理指導担当職員及び理学療法士（PT）又は作業療法士（OT）を置かなければならないこと（法第73条），施設長は相当の経験を有する医師でなければならない（法第73の2）ことが明記されている。

施設数は，1985年に全国で56施設（定員6,117名）であったが，1990年に65施設（定員6,835名），1999年には88施設（定員8,887名）となり年々増加している。この他に現在，国立療養所委託病棟が80か所（8,080床）余りあり，重症心身障害児施設と同じ機能をもっている。

以上のように，重症心身障害児施設は，児童福祉施設であるが医療法による病院としての機能ももっている。入所者は児童福祉法上の施設ではあるが，児童から中高齢者までの幅広い年齢層になっている。これは，成人施設に重症心身障害者を入所させる施設がないこと，入所期間が長期化していることによるものである。

(2) 利用者の理解

1) 重症心身障害児とは　　重症心身障害児とは，先に述べたように「重度の知的障害と重度の肢体不自由が重複している児童」と定義されているが，これだけでは児の状態像を具体的に把握しがたい。これに対して，1968年に重症心身障害児施設として開設された東京都府中療育センターでは，対象児の受け入れに際し，ＩＱと移動行動の2つの軸を設定し，図3-3-1に示す1～4の範囲を重症心身障害児とした。

すなわち，重症心身障害は重度重複障害と同義語ととらえることができ，「歴年齢（chronological age：ＣＡ）が6歳以降になっても歩行の困難が予測されるような重度の運動障害（肢体不自由）を前景にもち，両上肢も実質的な機能が乏しいために，日常生活の大部分を介護に頼らざるを得ないような運動障害に，重度の知的障害が重複したもの」と定義できる。なお，重症心身障害児には，運動障害をもたないが最重度の知的障害のために全般的な発達の遅れが顕著でかつ破壊的な行動・多動・自傷行為・自閉性・その他の「問題行動」が著しく，常時介護が必要な者も含まれる。

重症心身障害児といわれる児の多くは，脳性麻痺や各種の染色体異常を伴っており，移動・コミュニケーション・日常生活行動が著しく困難で，てんかんや呼吸困難を合併するなど病弱である。

					(IQ)
21	22	23	24	25	80
20	13	14	15	16	70
19	12	7	8	9	50
18	11	6	3	4	35
17	10	5	2	1	20
走る	歩く	歩行障害	座れる	寝たきり	

（肢体不自由）

図3-3-1　「大島の分類」

こうした児を医療や看護の領域では重症心身障害と呼ぶが，教育や福祉の領域では重度重複障害という用語が用いられることが多い。

重症心身障害の原因や病類はさまざまで多岐にわたって必ずしも明らかではないが，大別すると周産期での脳の運動中枢系の障害（脳性まひ）と先天的または後天的な疾病・外傷などによる場合に分けられる。原因の多くは前者であるが，近年では疾病や事故によるものも増えている。

2）**重症心身障害児の発達特性**　一般的に，発達とは個体における心身の構造と機能の変化と定義されている。心身とは，知的な側面と運動的な側面をいい，変化とは質的な変化と量的な変化があり，加えて変化の方向が向上的なものと下降的なものがある。

一般の子どもの場合，心身の発達はバランスを保ちながら，質量共に向上的に変化していく。しかし，重症心身障害児は，知的障害と運動障害双方の影響を受けて，その発達は複雑な様相を呈する。すなわち，ある子どもは知的障害と運動障害がともに最重度であるために，将来歩くこともしゃべることもできないが，他の子どもは知的発達は2，3歳に達していてそれに見合った理解力はあるが，運動障害がきわめて重いためにしゃべることも移動することもできない，あるいは運動面ではなんとか独歩が可能であるが，発語はなく理解力も乏しく問題行動が多い（「動く重症児」）といった状態である。

さらに，重症心身障害児は，その障害の程度が重ければ重いほど，幼児期の早期にその子どもなりの発達の上限に達し，以降その状態は変わらないという特性をもっている。したがって，生涯にわたって寝たきりの全介助で過ごす子どももいる（中には，発達状態が低下し，歩けていた子どもが歩けなくなる場合もみられる）。こうした子どもたちにいかなる専門家が「訓練」を施そうとも向上的変化を期待することは困難である。重症心身障害児の介護に携わる者は，こうした事実を客観的に受けとめる必要がある。

(3) **サービス・介護の特徴**

1）**日々の健康を維持する**　重症心身障害児の生活にとって最も重要なことは，日々の健康を維持することである。これらの子どもたちの中には，てんかんや呼吸器障害，消化器障害などさまざまな合併症をもつ子どもも多く，毎日の健康を維持していくことは大きな課題である。したがって，毎日の体温，呼吸・脈拍数，顔色等の検査から健康状態をチェックする。さらに，体重，身長，頭囲も定期的測定を行う等のメディカルケアが重要となり，検査内容に少しでも問題があれば，医療的な栄養管理を重点的に行う必要がある。

体温調節が困難な子どももおり，寒暖の変化に気をつけ，風邪や脱水症状等に陥らないようにする。また，嚥下が困難で，む̇せや誤嚥を繰り返し肺炎にかかることも多いので細心の注意が必要である。こうした日常的な健康管理を行った上で，体調が優れない時は看護婦や医師に報告し診察を受けさせるようにする。

2）**日常生活行動を円滑に進める**　健康管理のもう1つの側面は，食事，排泄，入浴，着脱衣等の日常生活動作（身辺処理）の介助を円滑に進めることである。その際重要なこ

とは，本人がどの程度各々の日常生活動作が可能なのかをきちんと評価し，本人のできない部分を介助することである。重症心身障害児で日常生活動作が自立している者はきわめて少ないが，比較的自立しやすいのは，食事行動であり，自立しにくいのは着脱衣や入浴動作である。なお，補装具や日常生活用具を工夫すればある行動は自立できるという場合もあるので，これらについては，日頃子どもをよく理解して接している職員の指示にしたがい，わからないことは必ず質問し相談するようにする。

3）てんかん発作への配慮　てんかん発作とは，突然けいれんを起こす慢性の疾患で，筋肉が急激にしかも自分の意志ではなく収縮する状態をいう。重症心身障害児の場合には脳の器質的障害から誘発されるてんかん発作を伴う場合が多い。

てんかんは，大きくは「全般性てんかん発作」と「部分性てんかん発作」に分類されるが，介護する際に緊急の対応を求められるのは前者である。全般性てんかん発作には，大発作（突然に意識を失い，顔面蒼白となって卒倒したり，全身を硬直させ，続いて間代性のけいれんを起こす。発作そのものは5分以内におさまるが，意識ははっきりせずそのまま深い眠りに入ることがある）と，小発作（ほとんど前兆がなく，突然意識がなくなり，それまで行っていた動作が停止する。この欠神状態は数秒から数十秒続き，回復すると何事もなかったようにそれまでの活動を続ける）がある。

てんかん発作をもつ子どもは，抗てんかん剤を服用しているが，過度の精神的な刺激や過労，強い音，不眠，便秘などがてんかん発作の誘因となることが多い。平静で規則正しい生活が送れるように心がける必要がある。

子どもが大発作などを起こすと，慣れない者はあわてるが，まず静かに寝かせて様子をみることが先決である。ケガをしないように周囲の危険物を取り除き，できるだけ衣類をゆるめ，身体を楽にさせる。その上で，その子どもの発作を経験しその経過をよく知っている職員に連絡する。睡眠状態に入ったら，保温に気をつけ，目が覚めるまで状態を観察しながら休ませておくようにする。

4）コミュニケーションのとり方　重症心身障害児の大部分は，ことばで要求を表現したり自分の意志を伝えたりすることはできない。しかし，表情や身振りで自分の要求や意志を伝えることは可能である。どんなに障害が重くとも嫌なことを強制されれば泣いたり不快な表情で訴え，嬉しいときには笑顔や穏やかな表情を示す。発語はまったくないが「Yes，No」やジェスチャーで意思表示する子どももいる。これらが彼らのコミュニケーション手段である。こうしたコミュニケーション手段は，その子どもの障害の内容や発達の程度によって異なるので，介護者はまず子どもの状態を的確に理解し，ひとりひとりの子どもに合った対応をすることが大切である。また，どんなに重度の子どもでも，相手の表情やしぐさは敏感に感じ取るので，話しかけもせず無表情で食事，排泄等の日常生活の介助をするようなことがあってはならない。優しく話しかけ，相手の表情を読みとりながら対応していくことが原則である。笑顔を導き出すような対応ができた時，介護者と子どもとのコミュニケーションが成立したことになる。

重症心身障害児のなかで，特に「動く重症児」と言われる子どもたちのなかには年齢が高くなるにつれて，自傷（頭突き，手指を嚙む，手足に傷をつける等）や他傷（相手の髪を引っ張る，突き倒す，嚙みつく等）が激しくなる子どもがいる。こうした不適応行動は，嫌なことを強制されたり，相手とのコミュニケーションがうまく成立しないときに誘発されることが多いので，その行動の背景を読めるようにする。

また，脳性まひ児（特に，アテトーゼ型の子ども）の中には，発語はないが理解力はかなり高い子どもがいる。これらの子どもには，理解力の程度を正しく評価し，それに見合った言葉かけや対応をすることも大切である。

5）遊び・レクレーション行動への配慮　「遊び」とは，それ自体が目的となった自由で自発的な活動であり，楽しさや満足感をもたらす活動を意味している。一般的に乳幼児期の子どもの生活は，遊びが生活の中心であり，それは成長とともに内容的にも空間的にも拡大されながら展開されていく。

障害をもつ子どもにとっても遊びの意義は，一般の子どもとなんら変わることはなく，子どもが一日を楽しく過ごすことができるように介護することが基本である。しかし，その障害の内容や程度によって，どのような遊びが成立するのか，どのような玩具を喜ぶのか，どのような環境を整えれば楽しく遊ぶことができるのかはさまざまである。介護者は，子どもの状態を十分観察・理解し，一つでも多く子どもが喜ぶ遊びや対応方法を見つけてほしい。成人に対しては，レクレーション活動あるいは余暇活動として，遊びが展開されるが，それらに関しても基本的意義は，まったく同じであり，いかに自発的に楽しめる行動を保障するのかが問われることになる。

3　有意義な体験を目指して

今日の日本の福祉は「ノーマライゼーション」の理念が基本になっている。施設の利用者にとってもその理念は貫かれ，障害をもった人がよりよい生き方ができ，人として当たり前の生き方ができるように援助することが介護者に求められている。2003年からは支援費支給制度が導入され，利用者と援助（介護）者は対等な立場に立ち，利用者の自己決定に基づきサービス内容が選択されることになる。重症心身障害者にとってもこうした原則はまったく同じであり，介護者はその実践過程で個々の障害者とより深いコミュニケーションを成立させ，個々のニーズに見合った質の高いサービスを提供する能力が求めらる。

さらに，援助対象者を「知る」能力が問われる。これは興味や関心，性格といった一般的に共通する内容も含まれるが，重要なことは援助対象者の障害を正しく評価することである。それによって，援助対象者の生活のどの分野にどんな援助・介護を与えれば，より生活が豊かになるのかを考えることができる。

重症心身障害者の障害を評価し，コミュニケーションを深め，ニーズを把握することは大変難しく，一朝一夕にできることではない。何もわからない状態でやみくもに関わろうとすることは，「大きなお節介」になるばかりではなく，その人の命を危険にさらすこと

にもなりかねない。したがって，介護体験の際には個々の対象者の障害を熟知した職員の対応方法を学ぶとともに，障害者本人の状態を十分観察することが重要である。つまり，ひとりひとりの障害を現場から学ぶ姿勢をもって臨まなければならない。重症心身障害者に対する介護技術がないのは当たり前であるが，障害についてどれだけ深く現場で学ぶことができるかが有意義な体験の鍵になると考えられる。

文　献
藤田和弘・福屋靖子(編)　1997　障害児の心理と援助　メヂカルフレンド社
厚生労働省　2001　平成13年度版厚生労働白書　ぎょうせい
今村理一(編)　2001　新しい時代の社会福祉施設論　ミネルヴァ書房
田中真由美・岡田節子他　1997　障害乳幼児のための発達相談マニュアル・運動障害児編　東京都心身障
　　害者福祉センター

推薦図書
藤田和弘・福屋靖子(編)　1997　障害児の心理と援助　メヂカルフレンド社

知的障害児者施設

1．知的障害児施設

(1) 知的障害児施設

1) 施設の目的　知的障害児施設は，1947（昭和22）年に児童福祉法により「知的障害のある児童を入所させて，これを保護するとともに，独立自活に必要な知識技能を与えること」を目的として始められた。その後，1960（昭和35）年には重度知的障害児収容棟が認められている。また，1967（昭和42）年には，児童福祉法の改正により，「重度の知的障害及び重度の肢体不自由が重複している児童を入所させて，これを保護するとともに，治療及び日常生活の指導をすること」を目的として「重症心身障害児施設」が設けられ，1980（昭和55）年には児童福祉施設最低基準を改正し，知的障害児施設の一種として「自閉症児施設」も創設された。

利用者数は図3-4-1に示したように，1973（昭和48）年がもっとも多く，施設数および利用者数は344施設（26,481人）であった。それ以後利用者数は漸減し，1998（平成10）年には280施設（13,014人）となっている。児童福祉法では児童を満18歳未満の者としているが，実際には，知的障害児施設における18歳以上の入所者は，1998年の時点で54パーセントを超えている。

2) 利用者の理解　知的障害のある児童を理解するためには，援助者側に次のような姿勢が望まれる。
①言葉が十分に使えない児童が多いため，児童の行動やしぐさ，表情に注意して理解するように努める。
②こちらから伝えるときも，自分の言葉かけ以上に表情やしぐさでの表現に留意しながら，具体的にものを提示したり，絵を用いたりして，相手の理解力に対応した方法を用いる。
③子どもの主体性をできるだけ尊重して，子どもが自分から動きだすのをゆっくりと待つ。
コミュニケーションがとれることを確認しながら，あせらずに理解するように努める。

入所してくる児童は，知的障害があることに加えて，入所前には通常の家庭環境と異なる多くの問題を体験して来ている子どもが多いことも配慮すべきである。知的障害児施設への入所理由をみると，「生活習慣確立のため」が44パーセントと多いが，その他では「保護者の養育能力の欠如（虐待等）」が22パーセント，「不適応行動改善のため」が12

パーセント，「親の離婚，死別」が8パーセントとなっている（日本知的障害者福祉連盟，1999, p.85）。

これらの子ども達は，知的障害によるコミュニケーションの困難さだけではなく，対人関係からくる心理的な問題についての配慮も必要となる。心理的な問題をもつ子ども達には，長期にわたる計画的な対応の中で人間関係を築けるよう努める必要がある。

3）サービスの特徴　知的障害児施設のサービスの目的は，家庭での養護が困難な子どもに対して家族に代わる生活を保障することであるが，近年，知的障害児施設は地域で生活している家族に向けてのサービスも行いつつある。これらの在宅支援事業には，短期療育事業，巡回相談事業，短期入所事業などがあるが，中でも短期入所事業は知的障害児施設の80パーセントが実施しており，短期入所利用の理由の内訳は，親の仕事のため（34パーセント），親の入院・出産・傷病のため（22パーセント），その他，養育の疲労のため，兄妹の学校行事のためなどとなっている（日本知的障害者福祉連盟，1999）。

これらのサービスは，施設が地域に開かれると同時に，それらの施設機能の多様化によって入所している子ども達の生活も地域へと開かれていく可能性をもつものであり，今後の児童施設のあり方として重要である。

4）今後の課題　一般に，家庭での養育が困難な場合，その代替としての機能は，できるだけ家庭に近い形が望ましいとされている。そのため，欧米では里親制度や児童のグループホームなどが行われているが，日本では知的障害児のグループホームはなく，里親もきわめて少ない。

現在の知的障害児施設のほぼ半数が，4人部屋であり，また，ほぼ4割の児童が6人以上の部屋で共同生活をしている。さらに，4.3人の児童に職員1人という基準も1976年以降，変わっておらず，週40時間を交代勤務によって行うことは，一般の家庭生活と比較すると，児童の生活に多くの問題を投げかけていると思われる。これら基本的な職員体制や環境を変える必要がある。

2．知的障害者施設

知的障害者の成人施設は，児童福祉法が制定されてから13年を経た1960（昭和35）年知的障害者福祉法により援護施設として制定された。1967（昭和42）年に知的障害者福祉法第3次改正により援護施設は，更生施設と授産施設の2つに区分された。前者は，「18歳以上の知的障害者を入所させて，これを保護するとともに，その更生に必要な指導及び訓練を行うこと」，後者は「18歳以上の知的障害者であって雇用されることが困難な者を入所させて，自活に必要な訓練を行うとともに，職業を与えて自活させること」を目的としている。1968（昭和43）年に更生施設，援護施設にそれぞれ通所施設を設けることが制度化された。しかしながら，現実には重度化，多様化，高齢化が強まる中で，更生施設と授産施設とは明確な区分ができない実態となっている。その他の関連居住施設とし

ては，「就労している知的障害者に対し，居室その他の設備を利用させるとともに，独立自活に必要な助言及び指導を行う」施設として「通勤寮」が1971（昭和46）年に制度化され，1989（平成2）年には，「知的障害者地域生活援助事業」としてグループホームが制度化されている。

これまで述べてきたように知的障害者の施設は，制度の成立上，通常は更生施設と授産施設に大別され，さらにそれぞれが入所施設と通所施設に区別されることが多い。しかしながら，サービスの機能からすれば，生活の場，住まいである入所施設と日中の仕事，活動の場である通所施設に分けるのが妥当である。ここでは，それらの機能別分類をとって，はじめに入所施設，次に通所施設を説明する。

なお，図3-4-1には，すでに述べた児童入所施設の利用者数，成人の入所施設利用者数，通所施設利用者数，グループホーム利用者数の年度別推移を示した。児童入所施設の利用者数は，漸減しているが（1998年の時点では在籍者の54パーセントが18歳以上である），成人の入所施設の入所者数は増加している。また，4～5人の知的障害者が地域で生活するグループホームの利用者数は入所施設利用者数の10分の1程度で，依然として少ない。

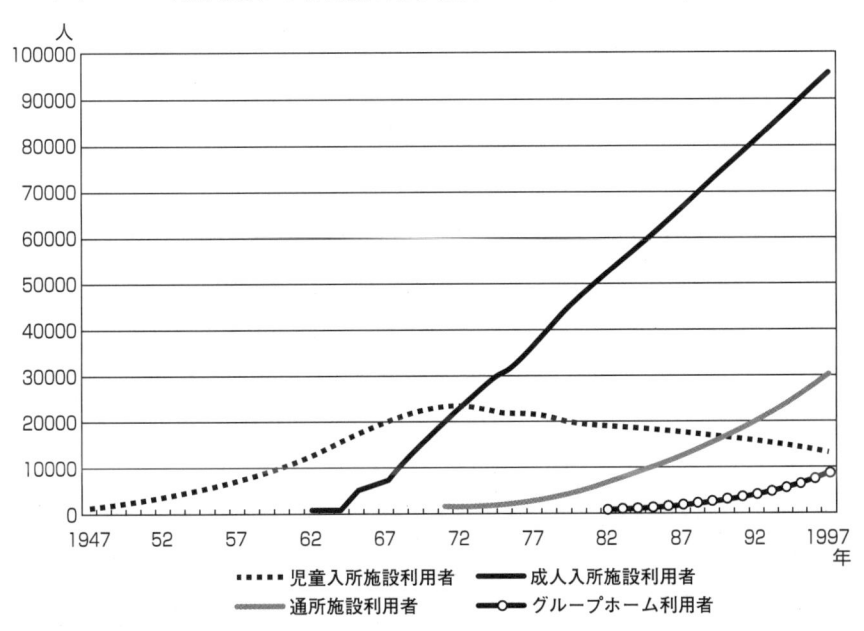

図3-4-1　入所施設（成人・児童），通所施設，グループホームの利用者数の推移

（1）知的障害者入所施設

　1）施設の目的　　入所施設の法的な位置づけはすでに述べた通りである。1999年の入所施設数，入所利用者数は1,476ヵ所，96,954人（入所更生施設1,250施設：83,027人，入所授産施設226施設：13,927人）である。図3-4-1にもみられるように，1960年以後，入所施設の入所者数はほぼ直線的に増加し，現在ではおよそ成人の3人に1人が入所施設で生活をしている。一方，障害のある人も障害のない人と同じような生活を行うべきである，というノーマライゼーションの理念が障害者プランや市町村障害者計画など多くの施策で述べられるようになった。それを実現するためにさまざまな施策が始められているが，

現実には普通の人々の生活と比較すると、まだまだ多くの人が入所施設で制限の多い生活を余儀なくされている。

　入所施設の今後の方向としては、入所者ができるだけ地域への生活に移行するという動きと、高齢者や障害が相当に重度の場合には入所施設を整備すべきである、という動きがみられている（日本知的障害者福祉連盟，2000）。

　2）利用者の理解　　入所施設では、4人の利用者が一部屋で生活している、食堂で数十人が一緒に食事をする、十数人で列をつくって散歩に行くなど集団で生活することが多い。これは、入所定員が50人、100人と多い上に、職員数が十分に配置されていないためである。このような入所施設内では、ひとりひとりの生活が大切にされず、利用者の権利や尊厳はついないがしろにされがちである。利用者を理解するときに、その利用者が現在どのような状況にあるのかを考慮しておく必要がある。利用者の理解にあたっては、基本的には、普通の人々に対する接し方と同じように、敬意をもって接する態度を維持するように心がけたい。

　①年齢に応じた対応を　　知的障害の人はかつて「永遠の子どもたち」と呼ばれていた。私たちは今でもつい子どもに対するかのような振る舞いをしてしまいがちである。しかし、知的な遅れはあっても、幼児から児童へ、そして成人へと通常の人と同じように発達する。日本知的障害者福祉協会の「倫理要領」や「職員行動規範」では、「子ども扱いするなど、その人の年齢に相応しくない接し方をすること」を禁じている。

　②利用者の個性、主体性を尊重する　　決められた日課の中で、かつ集団で処遇される生活の中では、利用者自身がで計画したり、自分から「こうしたい」と述べる機会は少なくなる。自分の部屋をもちたい、一人で旅行したい、犬を飼いたい、そのような希望が叶えられる施設は少ない。利用者にとって、そのような環境では「○○しようか」と聞かれて、つい「はい」と答えてしまい、本当の自分の気持ちに応えて「いやです」と言えなくなることもあるだろう。

　しかしながら、自分で選択し、決定することは、「その人らしい暮らし」をするための第一歩である。入所施設の側でも、食事の時にいくつかのメニューを作ったり、旅行に行くときに候補を数カ所あげてそこから選べるようにしたり、制約の多い現状の中で、少しでも利用者の選択の機会を増やそうとしているところが増えている。利用者の人と接するときには、その人が何を考えているのか、何をしたいのか利用者が表現しやすいように話をすることが必要である。

　3）サービスの特徴　　入所施設は、利用者に生活の場を提供することをサービスの中心として発展してきた。その後、ノーマライゼーションの理念が進むにつれて、入所施設も「地域でともに生活する」方向に向け、開かれた施設としてさまざまな地域生活支援の事業を行っている。

　①　グループホーム　　グループホームは、1960年代から「人間らしい生活のできる家」として池田太郎氏らによって進められていた。1978（昭和53）年東京都，神奈川県によ

る地方自治体の補助制度が開始，1989（平成元）年には国の知的障害者地域生活援護事業として制度化され，現在は，全国で少なくとも2,578ヵ所（推定利用者数約1万1千人，2000（平成12）年）が運営されている。これらのグループホームでは，援助者（世話人と呼ばれていることが多い）1人がおおむね4人の知的障害者と生活している。また，現在のグループホームの約半数を入所施設が支援している。

入所施設の利用者がグループホームに移行する形には，いろいろな形態がみられる。入所者が職場実習という形で施設外の企業に働きに出かけ，仕事に慣れてきた段階で，住まいを施設から地域のグループホームへ移行する形が多い。移行の際に，グループホームへ移行を予定している4人が一定期間職員寮などで自活訓練事業による地域生活のための訓練を行うことも多い。

グループホームの生活は入所施設の生活と比較すると，個室がありプライバシーが守られている，特別な日課を設けることなくそれぞれが自分の生活をすることができる，地域の中にあるために地域の社会資源を利用しやすい，地域の中にあって地域の人々とふれあうことができるなどの利点がみられる。それぞれが自分らしい生活をつくりやすい条件にあるが，そのためには，利用者が主体的に，自立した生活を楽しめるようなグループホームの援助者や施設側からの支援が必要である。

② 地域療育等支援事業（相談支援事業）と生活支援事業　「地域でともに生活する」方向で地域福祉が進められるときに，地域で家族と一緒に生活したり，一人でアパートなどで生活している人の相談を誰が受けるか，という問題が生ずる。これに対して，1995年に発表された障害者プランでは，人口30万人の保健福祉圏域を設定し，それぞれの圏域に知的，身体，精神の各障害別にコーディネーターを2ヵ所ずつ配置するという地域療育等支援事業計画が出された。障害者プランでは2002（平成14）年度までにこの事業を，690ヵ所予定しているが，2000（平成12）年度では，304ヵ所で事業が行われている。この事業によって，施設に配置されたコーディネーターは，在宅の障害者や親の相談に応ずるとともに，福祉サービスの提供やボランティアの育成，地域住民の啓発活動など幅広く地域支援を行うことになった。これらのコーディネーターの中には365日，24時間の相談体制，レスパイトサービスを行うなど，活発に多彩な活動を行っているところもみられている。

また，生活支援事業は通勤寮等の施設に生活支援ワーカー1名を配置し，アパートやマンションで自活している人々を中心に支援している。1999（平成11）年には62ヵ所で104人の生活支援ワーカーが配置されている。

4）今後の課題　20世紀の前半には，多くの欧米の国々で収容施設が設立された。1960年代のノーマライゼーション思潮の興隆とともに入所施設から地域への移行が進み，多くの国で入所施設は減少している。スウェーデンでは実質的に入所施設はなくなり，英米でも州によって入所施設がなくなっているところがある。入所施設が廃止され，地域社会で暮らせるようになったことは，障害をもつ人々の生活を大きく変えると同時に，障害のある人々に対する社会の見方をも変化させてきている。

個人の選択や自己決定，自分の生活を選んでいく力をつけることであるエンパワーメントの概念もこのような地域生活への転換と深く関連している。入所施設から地域へと移行する際の問題は，知的障害者の人々が安心して暮らせる支援システムを地域にどう構築するか，という問題である。現在，グループホームが少しずつ広がり，地域療育等支援事業や生活支援事業，あるいは権利擁護のための地域福祉権利擁護事業，成年後見制度などがすでに制度化されているが，いずれも今後これらの制度をどう充実し，活性化するかということが問われている。

(2) 知的障害者通所施設

1) 施設の目的　　1967（昭和42）年に知的障害援護施設が，更生施設と授産施設に分けられた後，1968年には「知的障害者援護施設基準」および施行通知が出され，更生施設と授産施設の双方に通所施設が制度化された。通所施設数および利用者数は，1999（平成11）年には1,178カ所，42,773人（通所授産施設839カ所：合計値は30,827人，通所更生施設339カ所：11,946人）となっている。知的障害者が日中の仕事や活動を行う場には，この他にも，小規模作業所が5,202カ所（1999年現在）あり，その利用者数は，知的，精神，身体障害者含めて約7万3千人である。その内，国庫補助金（1カ所年間110万円）を受けている知的障害者の作業所は933カ所である（2000年現在）。その他，福祉施設であるとともに企業的な性格を併せもつ知的障害者福祉工場やデイサービスがある。

2) 利用者の理解　　前述したように，利用者への理解の基本的な姿勢は，普通の人と同じように敬意をもち，年齢に応じた対応をし，利用者の主体性を大切にすることであるが，家庭から通勤し，仕事をする通所施設の利用者には，次のようなことも配慮されるべきである。

① 仕事への誇りがもてるように　　通所施設や作業所の仕事は，通常の人の仕事と比較すると，単純にみえる。重度の障害をもつ人の場合には，時には仕事をしていると感じられない場合もあるだろう。しかし，知的障害のある人が最初に通所施設や作業所に来たときには，一定時間椅子に座っていること，あるいは作業の場所にいることすら困難である人もいる。仕事の第一歩がそこに一定時間いることを学ぶ場合もある。仕事を他の人と比較したり，世間の通念の中で仕事を考えずに，その人にとっての意味から仕事を考えるように努めよう。

仕事への誇りは，「自分の仕事が大切である」ことを他の人から評価されるところから始まる。知的障害者の通所施設や作業所の給与は，おおむね1ヶ月働いて数千円であり，いかにも少ない。しかし，給与が安いことと仕事を行っている人の価値は別のことであることを自覚する必要がある。

② 社会参加と結婚　　学校を卒業して通所施設に来ることは，私たちが学生時代から会社に入るのと同じように，社会に参加するという大きな意味がある。この時期は，仕事と同時に，社会人としての人生が始まるときである。また，異性への関心や結婚のことを考える時期でもある。全国50カ所の生活支援センターが支援している1,625人の知的障

害者のうち，41カ所のセンターで結婚している171世帯304人の人を支援している（1998年）。この人たちの147人（86％）は夫婦だけで生活をしており，40世帯が子育てをしている（日本知的障害者福祉連盟，1999）。

　このように地域で生活している知的障害者には，いろいろな生活をする人が増えている。本人の会もあちこちにでき，自分たちで意見を主張する機会も増えている。この人たちが自分の望む生活を送れるように，エンパワーメントすることが重要である。

　3）サービスの特徴　　通所施設の第一の機能は，昼間の活動にある。通所施設や作業所の少ない1960年代には，多くの人が終日，親の家庭の中だけにいた。そのことを想像すると，通所施設や作業所に通い，日中友だちや職員と仕事のできる昼間活動の援助が，本人にとっても家族にとってもいかに重要であるかがよくわかる。

　通所施設や作業所の数は増加してきたが，「その人らしい生活」という大きな視点からみると，その人が本当にしたい仕事をできているのだろうか，という疑問が生じる。通所施設や作業所では，従来の単純な繰り返しの多い作業内容から，自主製品を作り，町や地域に出店をもち，販売することで，利用者の活動や選択の幅を広げているところも増えている。また，その人の能力に応じて，企業就労へとつなげていくところもある。通所施設で仕事ができる体制ができた後に，その人の成長に応えて，より幅の広い選択ができる生活を援助する必要がある。

　4）今後の課題　　通所施設の中には，これからの課題である「地域で共に生活する」ことを推進する大きな力が潜んでいる。グループホームは，すでに述べたように，入所施設の入所者が，地域に移行するときに利用することが多いが，家庭にいる知的障害者が家庭から自立するときにもグループホームへ移行している。通所施設や作業所に働いている人の親はまだ元気な人が多い。自分が元気な内に子どもが自立する姿を見たいという気持ちから，職員と一緒に自分の地域にグループホームを設置する運動に参加する人も多い。親にとっては，グループホームが自分の住んでいる地域にあり，そこで子どもが働き自活する姿を見ることができる。また，親が病気になり家庭で子どもの世話をみれなくなったときにも，すでに仲良くなった友だちやその親，職員から，遠く離れた入所施設へ行くのではなく，慣れ親しんだ地域で過ごせるように，という配慮から，通所施設や作業所の支援するグループホームが設立されることもある。

　地域の人々が通い，集う通所施設や作業所には強い地域性があり，この密度の高い地域性を活かして，自分の施設や作業所内の活動だけにとどまらず，地域の社会資源と連携しながら，障害者の支援ネットワークを広げる試みが各地で起こっている。

文　献

日本知的障害者福祉連盟（編）　1999　発達障害白書：2000年版　p. 85, p. 87, p.135.
日本知的障害者福祉連盟（編）　2000　発達障害白書：2001年版　pp. 99-101.
手塚直樹・青山和子　1998　知的障害児・者の生活と援助（介護福祉ハンドブック）：援助者へのアドバイス　一橋出版

5 精神障害者の社会復帰施設

1. 施設の目的

(1) わが国の精神障害者社会復帰施策の動向

これまでの精神医療は、患者を精神病院に隔離（収容）するものであった。しかし、1960年代に、欧米で脱施設化を求める改革運動と地域精神医療が進められ、入院中心の医療から、外来通院や地域ケアを主とした精神障害者の生活を地域で支援する体制が整備されつつあった。

一方、わが国の精神障害者の現状はというと、欧米諸国が精神病院の病床数を減少させているのに対し、いまだに減少傾向にあるとはいい難い状況である（図3-5-1）。また、1998（平成10）年のOECDのHealth Reportで各国の精神科における平均在院日数は、アメリカが8.9日（1995年）、フランスが7.3日（1996年）、ドイツが38.1日（1995年）であるのに対し、日本の場合は406.4日（厚生省医療施設調査、1998）と著しく長い。さらに、1996（平成8）年の厚生省の患者調査によれば、全入院患者における5年以上の長期入院患者の割合は46.5パーセント、10年以上が31.8パーセントを占めている。以上のことから、わが国の精神医療は長期入院が多く、地域生活支援体制が欧米諸国に比べて著

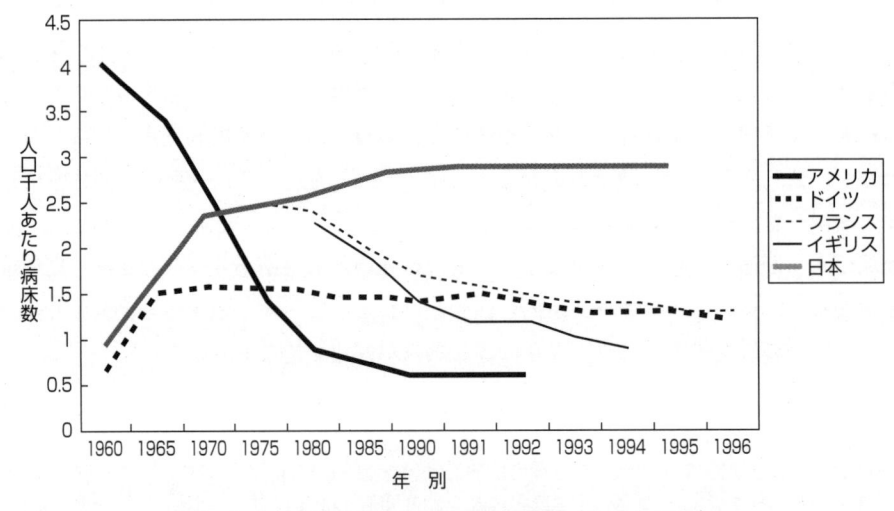

図3-5-1　人口千人あたりの精神病床数（1960－1996）

資料　OECD Health data（1998）より著者が作成

しく遅れていることは明らかである。

しかしながら，近年，わが国の精神障害者社会復帰施策は，施設収容から地域生活支援へと大きくその方向が変わってきている。具体的には，1987（昭和62）年の精神保健法制定により精神障害者の社会復帰施設として，精神障害者生活訓練施設と精神障害者授産施設の2種類がはじめて法律上に位置づけられた。翌1988（昭和63）年の精神障害者社会復帰施設運営要綱により，精神障害者援護寮と精神障害者福祉ホームが設けられた。さらに，1995（平成7）年の精神保健福祉法への改正により，精神障害者の社会復帰施設は，精神障害者生活訓練施設（援護寮），精神障害者福祉ホーム，精神障害者授産施設，精神障害者福祉工場に体系化されることになった。また，1982（昭和57）年から始まった通院患者リハビリテーション事業が精神障害者社会適応訓練事業として位置付けられた（図3-5-2）。

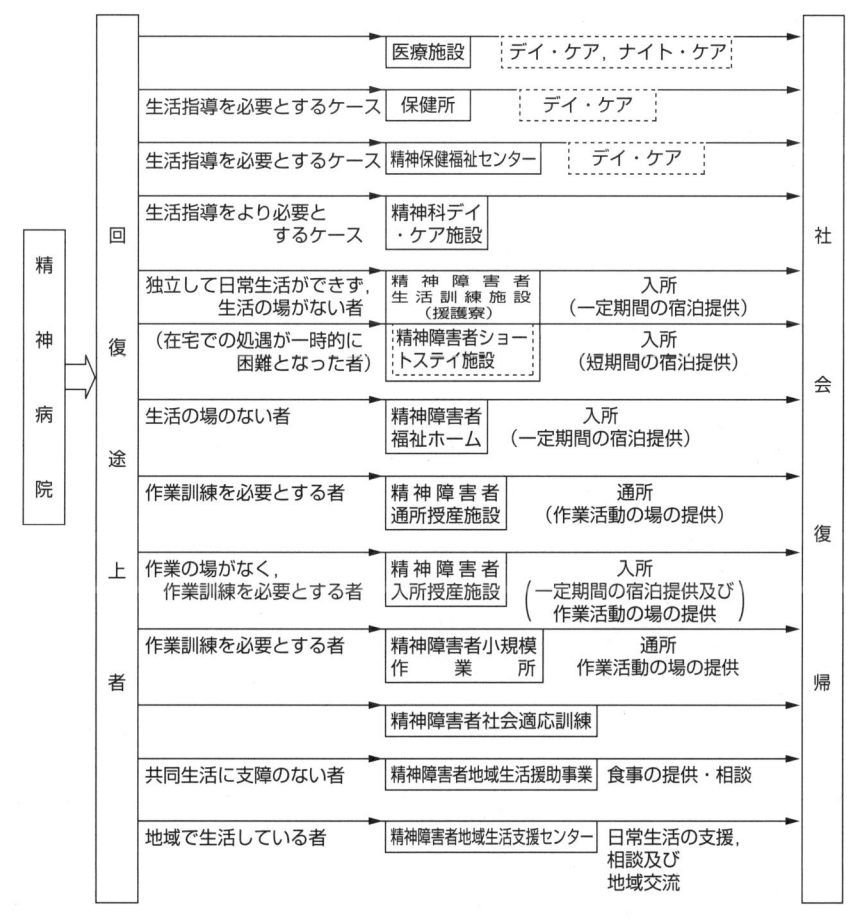

図3-5-2 精神障害者社会復帰体系図

資料 「我が国の精神保健福祉」平成12年度版 精神保健福祉研究会（監修）

1999（平成11）年の精神保健福祉法の改正により，精神障害者の社会復帰施策の充実とともに，障害者施策の統合化を目指す方向で身体障害および知的障害との調整が図られている。施行の時期は，2000（平成12）年4月1日と2002（平成14）年4月1日の2段階に分けられている。社会復帰施策に関する主な改正点としては，精神障害者地域生活セ

ンターが新たに社会復帰施設に加えられたこと，精神障害者の在宅福祉施策の充実を図るため，国および都道府県以外の者は，2002（平成14）年4月1日から，精神障害者居宅生活支援事業として，精神障害者居宅介護等事業（ホームヘルプ），精神障害者短期入所事業（ショートステイ），精神障害者地域生活援助事業を行えることとなったこと，などがあげられる。

(2) 社会復帰施設の種類

精神障害者の社会復帰を図るため，精神保健及び精神障害者福祉に関する法律第50条により，社会復帰施設を設置できるのは「都道府県，市町村，社会福祉法人，非営利法人（医療法人，社団法人，財団法人）は，精神障害者社会復帰施設を設置することができる」と定めている。それ以外の者でも設置できるが，施設設備費，運営費等の補助金の対象外となる。精神障害者社会復帰施設の種類は，同法50条の2により，以下の5種類である。

1）精神障害者生活訓練施設（援護寮） 精神障害のため家庭において日常生活を営むのに支障がある精神障害者に対し日常生活に適応することができるように，低額な料金で居室，その他の施設を利用させ，必要な訓練および指導を行うことにより，その者の社会復帰の促進を目的とする施設である。

利用者の定員は20人以上で，居室の定員は2人以下である。利用期限は2年以内だが，1年までは延長できる。職員は6人以上で，施設長1人，精神保健福祉士または精神障害者社会復帰指導員4人以上，ただし精神保健福祉士1人以上，医師1人以上とされている。

2）精神障害者授産施設 雇用されることが困難な精神障害者が自活できるように，低額な料金で必要な訓練を行い，および職業を与えることにより，その者の社会復帰の促進を図ることを目的とする施設である。

利用者の定員は，入所施設が20人以上30人以下であり，通所施設が20人以上である。利用期限は，適宜とされている。職員は，施設長1人，精神保健福祉士，作業療法士または精神障害者社会復帰指導員4人以上，ただし精神保健福祉士1人以上，作業療法士1人以上，医師1人以上の合計6人以上とされている。

3）精神障害者福祉ホーム 現に住居を求めている精神障害者に対し，低額な料金で，居室その他の施設を利用させるとともに，日常生活に必要な便宜を供与することにより，その者の社会復帰の促進および自立の促進を図ることを目的とする施設である。

利用者の定員は10人以上で，利用期限は2年以内であるが，必要に応じて延長が可能である。職員は管理人が1人，医師1人以上である。

4）精神障害者福祉工場 通常の事業所に雇用されることが困難な精神障害者を雇用し，および社会生活への適応のために必要な指導を行うことにより，その者の社会復帰の促進および社会経済活動への参加の促進を図ることを目的とする施設とする。

利用者の定員は，20人以上で，利用期限は特に定められていない。職員は，施設長1人，精神保健福祉士または精神障害者社会復帰指導員3人以上，ただし精神保健福祉士1人以上，医師，看護師，栄養士，事務員各1人以上の合計8人以上とされている。

5）精神障害者地域生活支援センター　地域の精神保健および精神障害者の福祉に関する各般の問題につき，精神障害者からの相談に応じ，必要な指導および助言を行うとともに，保健所，福祉事務所，福祉事務所，精神障害者社会復帰施設等との連絡調整，その他厚生労働省令で定める援助を総合的に行うことを目的とする施設とする。

職員は，施設長1人，精神保健福祉士1人以上，精神障害者社会復帰指導員3人以上（2人は非常勤可）とされている。

これら精神障害者社会復帰施設および運営に関しては，これらの精神障害者社会復帰施設の設備及び運営に関する基準（平成12年厚生省令第87号）が定められている。

また，国，及び都道府県は，その設置及び運営に要する費用に関して補助することができるとされている（第51条）。さらに，これらの施設の利用は，いずれも行政による措置ではなく，利用者と施設の間の契約により行われる。

2．利用者の理解

(1) 心の病の成り立ち

心の病は，その原因により，外因性精神病，心因性精神病，内因性精神病と分類される。

外因性精神病は，脳や身体の異常が原因で心の病になることである。その中には，脳の疾患や事故による頭部の外傷が原因による器質性精神病，アルコールや覚せい剤，睡眠薬などの薬物の影響から発病する中毒性精神病が含まれる。

心因性精神病は，脳の変化よりも心理的・社会的なストレスが主な原因で発症したと考えられる心の病である。極度の不安や恐怖，心理的な葛藤などのストレスは，神経にかなりの負担がかかるため，ストレスへの適応力の弱い若年者や高齢者，知的障害者は，一般の人よりも心の健康問題をもちやすいといわれている。

内因性精神障害は，身体や脳に大きな異常もなく，外傷もなく，さまざまなストレスとの因果関係もみられない。精神分裂病（統合失調症），躁うつ病がこれにあたる。医学的な原因は不明であるが，その病気へのかかりやすさ（素因）に，ストレスとなる生活上の出来事などの環境上の条件（誘因）が作用して発病すると考えられている（図3-5-3）。

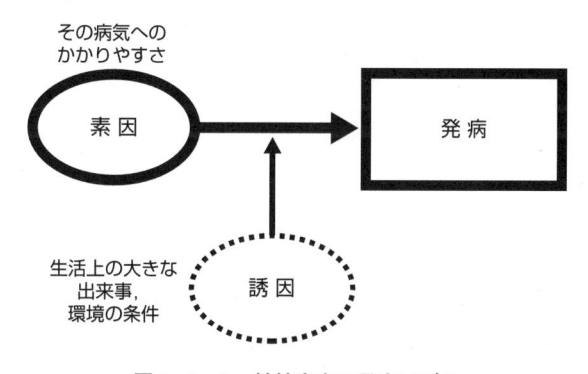

図3-5-3　精神疾患の発症モデル

(2) 主な精神疾患

1) 精神分裂病（統合失調症）　日本精神神経学会は2002（平成14）年1月精神分裂病の名称を「統合失調症」と変更することを承認した。この病気は躁うつ病とともに2大精神病のひとつであり、精神疾患のなかでも偏見などのため最も理解されていない病気である。

患者や家族から、「精神分裂病という名称は、差別や偏見を招きやすい」など、強い要望があり、ドイツ語の原語の意味を翻訳し直した、「統合失調症」という名称が選ばれた。

長年、統合失調症は幼児期のゆがんだ家族関係や劣悪な家庭環境が原因で発病すると考えられ、患者の家族が責められてきた。しかし、近年身体や脳の内部の断層を撮影するMRI（核磁気共鳴映像装置）をはじめとする脳の診断技術の進歩により、脳の病気としての認識が広まっている。

主な症状として、周囲との関わりが薄れて自閉的になり、意欲や感情が不安定になったり、現実にはない物や人を見たり（幻視）、声を聞いたりする（幻聴）などの知覚の異常が現れたり、他人や電波に自分が支配されているといった妄想をもつなどがみられる。発症の時期は思春期から30歳ごろまでと幅があり、症状の現われ方や重症度も多様である。

以前は、「不治の病」と考えられていたこの病気も、治療法の進歩とリハビリテーションの進展によって、回復率は著しく向上している。治療は、薬物療法、精神療法、生活療法（生活面の指導と援助）を組み合わせて行う。

2) 気分障害（躁うつ病）　躁うつ病は、感情の病的状態によって、思考、行動、情緒面にさまざまな困難を起こす病気である。この病気には、躁状態とうつ状態の両方をもつ「躁うつ病」、躁状態だけを何度でも繰り返す「躁病」、うつ状態を何度でも繰り返す「うつ病」がある。

①躁状態　気分そのものは爽快で、まったく疲れを感じない。睡眠時間が短縮し、活動性が亢進し、言動がオーバーになり、欲望のままに行動する。しかし、これらの行動は、表面的で場当たり的であるため、実質的な成果に結びつくことはないため、対人関係のトラブルや性的な問題を起こしがちである。症状が進むにつれ、家庭や職場などあらゆる場所で逸脱した行動が出てくるようになる。

②うつ状態　表情は暗く、無気力な感じで、本人も憂うつ感や困惑した状態を自覚している。考えが頭に浮かばず、自分の能力を過少にしか評価できない。夜眠れず、強い疲労感があり、食欲が減退する。これが続くと、「自分は生きていても役に立たない」、「死にたい」という自殺観念にとらわれ、実際に自殺を企てたりする。精神的活動性も低下し、ひどくなると抑うつ的混迷状態といわれる状態になる。

うつ病には、憂うつ感や妄想などの精神症状が目立たずに、疲れやすい、頭が重い、食欲がないなどの身体症状が前面に出る「仮面うつ病」がある。

うつ病の特徴は、日内変動がみられることで、朝は気分がすぐれず、昼過ぎから夕方になると気分が少し晴れてくる。うつ病では周囲の目を引くような派手な行動がないためしばしば発見が遅れることがある。

3）アルコール依存症　欧米諸国では，国民一人あたりのアルコール消費量は減少傾向にあるのに対し，わが国では，近年，その伸びが鈍化したものの減少する傾向はみられない（図3-5-4）。特に女性の飲酒割合が増加している。女性は男性に比べて短期間にアルコール依存症になるといわれており，注意が必要である。

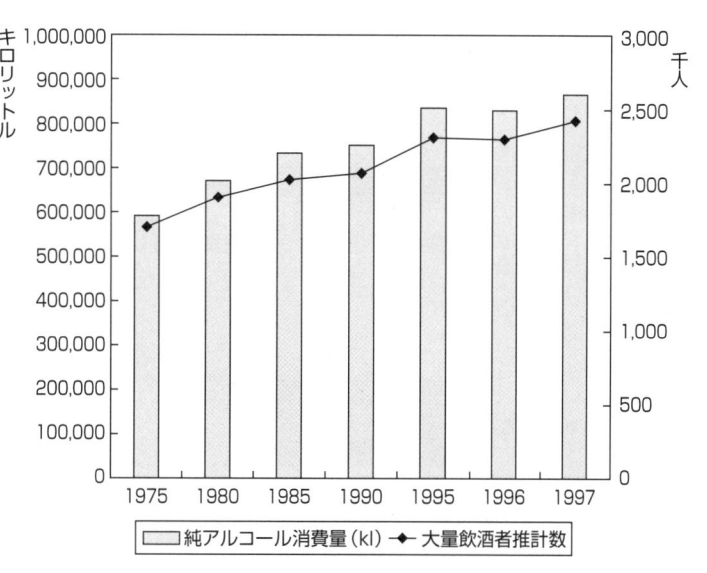

図3-5-4　アルコール消費量と大量飲酒者の年次推移
「国民衛生の動向」（2002）より著者作成

　アルコールには耐性という特性があり，摂取しすぎると肝臓，心臓，脾臓，脳など，身体と精神に障害を及ぼす。耐性とは，長期間にわたって連用していると効果が減弱していき，同じ効果を得るための必要量が増えていく現象である。

　耐性とともに依存が起こる。依存とは，たとえ有害であるとわかっていても身体的もしくは精神的に止めることができなくなっている状態である。前者を身体的依存といい，アルコールを飲まないと生理的平衡を保つことができない状態をいう。後者を精神的依存といい，アルコールを飲みたいという強い欲求や強迫感があり，それを抑えることや飲酒行動を自分でコントロールできない状態をいう。依存症の人は，アルコールが切れると禁断症状が現れる。身体的な症状では手が小刻みに震えるなどがあり，精神的症状では不安感，抑うつ，睡眠障害などがある。これらの症状は，アルコールを摂取することで軽減するので，悪循環になり，症状がさらに進むことになる。

　アルコール依存症には，特効薬はなく，本人が自発的に治そうとしなければ回復はない。したがってこの意欲を高めるために，同病者が集まって行う集団療法は有効な治療法である。

(3) わが国の精神障害者の現状

　わが国の精神病院に入院している患者数は，1999（平成11）年10月現在で33万3千人であり，そのうち21万人が精神分裂病（統合失調症）で最も多い（図3-5-5）。次いで，器質性精神障害が多く，特に痴呆性疾患が増加傾向にある。他にアルコールや薬物による中毒性精神障害や気分障害（躁うつ病），知的障害をもつ者も多く入院している。

　前述の通り，日本の精神病院の入院期間は，その半数近くが5年以上であり，欧米に比べて著しく長い。これらの長期入院患者の多くは，病状は安定しているものの一般的な就労は困難であり，また地域に生活の基盤がないために社会的な入院を余儀なくされている人達である。援護寮は，そういう社会的入院を解消するための施設として，入院患者が地

域生活に馴染むまでの中間施設として位置づけられている。

単位：千人

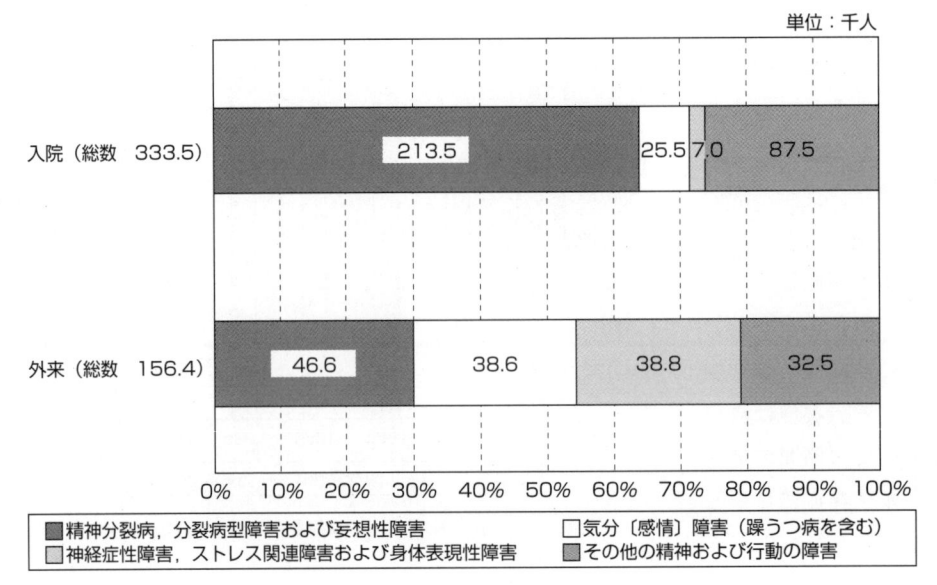

入院（総数　333.5）　213.5　25.5　7.0　87.5

外来（総数　156.4）　46.6　38.6　38.8　32.5

■精神分裂病，分裂病型障害および妄想性障害　　□気分〔感情〕障害（躁うつ病を含む）
□神経症性障害，ストレス関連障害および身体表現性障害　　■その他の精神および行動の障害

図3-5-5　推計患者数－入院，外来別（平成11年）

厚生労働省「患者調査」より著者作成

3．サービスの特徴（援護寮）

　援護寮は，入院の必要はないが自立して生活するのには援助が必要な人が対象となる中間施設である。病院と地域での生活との「中間」という意味で，退院した利用者が援護寮で生活する間にさまざまな生活上の出来事を経験しチャレンジする，実際の地域生活へ向けた準備期間である。

　援護寮の機能で重要な要素は，日常生活の場という点である。多くの利用者は，入院中に，生活が制限され管理されてきた。そのため，食事をはじめ日常生活が自分一人でできるのか不安が多く，近所の人とのあいさつやつきあい，ゴミ出しなどの地域で生活するために必要な生活スキル，通院や服薬の自己管理など病院生活が長ければ長いほど，どこまで自分でできるのかがあいまいになっている場合が多い。しかし，地域で自立して生活するためには，利用者が自分の生活を自己管理し，自分らしく送ることができる能力が求められる。

　したがって，援護寮での援助の目標は，訓練ではなく，そこで過ごす時間をどのように主体的に自分らしく過ごせるかという自律に焦点があてられる。多くの場合，援護寮での利用者の生活は，各人が自分の部屋の鍵を持ち，服薬をはじめほとんどのことを自己管理している。就寝時間も入院生活とは違い，各利用者は自分のペースで就寝前の時間を楽しむことができる。つまり，自由なごく当たり前の生活を地域で送るために，「責任」をもった生活の場を提供することこそが援護寮のサービスの特徴であるといえよう。援護寮のスタッフは，利用者の調子が悪くなったり，生活のバランスが崩れてきたような場合に援助をしたり，実際の生活上の相談にのるなどの援助を行う。

4．有意義な体験を目指して

　ここでは精神障害者の社会復帰施設で初めて障害者と交流した3人の大学生の体験記を紹介する。そこには初めての精神障害者との関わりに少なからず不安を覚えながらも，実際に会ってみると，概して多くの人は非常に真面目で純粋であり，また，ユーモアがあって友好的であった様子が素直に描かれている。そして，利用者との交流を通じて，それまでの精神障害者に対する不安が杞憂であることに気づかされていく様子が率直に伝わってくる。

　実習で何よりも大切なことは，普段接する機会の少ない利用者との交流を通して自分の見えない心のバリアについて考える機会にすることであろう。

実習体験記
T.M.さん（大学3年生）

　私は，実習に行くまで，精神障害の人と接する機会がまったくなかったので「どのように話しかければいいのか」，「どのような話をすればいいのか」，また大阪の池田小学校での児童殺害事件が起こった時であったため，「大阪の事件について意見を求められたらどのように答えればいいのか」等，接し方について多くの不安があった。

　しかし，実際に会ってみると，相手の方からどんどん話しかけてきてくれ，自身の病気，家庭，仕事のことなど聞きにくいことも話してくれた。

　また，ある作業所には4回も実習に行ったためか，利用者が私のことを覚えていてくれたり，私と話がしたいといって作業のテーブルを私の方まで移動してきてくれたり，帰る時に「帰らないで」と言ってくれたりして，とても嬉しかった。

　今回の実習では，作業所が3ヶ所と入所施設が1ヶ所，また精神障害者の親睦バス旅行にも参加したが，最初の作業所へ実習に行くときは，「精神障害の人は1人で何かぶつぶつ言っていたり，突然怒り出したりするのではないか」と不安だらけだった。しかし，いろいろな施設に行き，精神障害の人と接していくたびに不安感もなくなってきて，一緒に作業をしていると，自分がその作業所の一員になったような感じがした。また，マッサージが得意な人，自分で小説を書いている人，芸能情報にとても詳しい人，英語でしか話をしない人などさまざまなタイプの人がいて，とても楽しかったし，それが，その人の個性のひとつだと感じた。

R.I.さん（大学3年生）

　今回の実習で最も印象的だったのは精神障害者の社会復帰施設である。今まで，精神障害のある人と接することがなかったため，初めはどのように接してよいのか戸惑ったが，実際に話をし，一緒に作業を行うととても自然だった。積極的に話し掛けてきてくれる人や自分の殻に閉じこもりひたすら作業をする人などさまざまな人がいたが，みんな気持ちよく私を受け入れてくれた。今までの精神障害者へのイメージはどちらかというと陰気で閉じこもりがちな人だというものであったが，実際に接したことで，周りにいる人たちと何ら変わりがないという印象に変わった。とても個性的な人たちで，心やさしい人ばかり

だった。中には薬を服用しているということで，落ち着いていた人もいた。薬を変えたばかりの人や季節の変わり目ということで，しんどい様子のある人も見受けられた。そういったときには，あまり物事を要求せず，ゆっくりマイペースで無理をせずにやればよいという風に援助していくことが必要なのだと思った。

S.H.さん（大学3年生）
　私は，精神障害というものを授業で教わっていたが，まったく想像がつかなかったため，知的障害と同じではないだろうかと勘違いしていた。そのため，内心ではうまくコミュニケーションがとれないのではないだろうかと心配していた。
　しかし，実際に作業所に行ってみると，作業所の利用者同士，利用者と指導員さんが楽しく会話をしながら作業をしていた。私たち実習生も一緒に作業させてもらい，会話をしてみると，とても話しやすく，身近にいそうな人たちであった。話が好きな人もいれば，静かに作業をしたい人といろんな人がおり，何ら特別な場所ではないと感じた。作業所に通う人の中には，障害のために車の運転ができない人，社会に出て働きたいが働けない人，家庭を築くことを諦めている人，自分を支えている親が高齢化し不安になっている人，と想像していた以上に，身体的にはもちろん，精神的，社会的にも生活や生き方を制限するハンディキャップを負っている実情を肌で感じた。

文　献
秋元波留夫・調一興・藤井克徳（編）　1999　精神障害者のリハビリテーションと福祉　中央法規
岡上和雄（監修）　1997　精神障害者の地域福祉―理論と実践最前線―　相川書房
精神保健福祉研究会（監修）　2001　我が国の精神保健福祉平成12年度版（精神保健福祉ハンドブック）　厚健出版

推薦図書
秋元波留夫・調一興・藤井克徳（編）　1999　精神障害者のリハビリテーションと福祉　中央法規

第6章 高齢者関連施設

　高齢者の利用する施設として，生活場所としての施設と，通常生活する場は別にあり生活の一部として利用する施設がある。生活場所としての施設は，老人福祉法に基づく特別養護老人ホームと養護老人ホーム，老人福祉法で届出が義務づけられている有料老人ホーム，介護保険法に基づく介護老人保健施設などがある。また，生活の一部として利用される施設は，老人福祉法に基づく老人短期入所施設と老人デイサービスセンターがある。

　2000（平成12）年に施行された介護保険法では，特別養護老人ホームが介護老人福祉施設，老人短期入所施設が短期入所生活介護事業所，老人デイサービスセンターが通所介護事業所として指定され，利用者は，契約に基づき利用することとなった。老人福祉法に基づいて利用する場合は，市町村が措置という形で利用の決定権をもつが，介護保険では要介護認定という保険給付額の上限が設定されているものの，サービス提供施設を利用者が決定し，提供者との契約に基づいて利用できるようになっている（図3-6-1）。

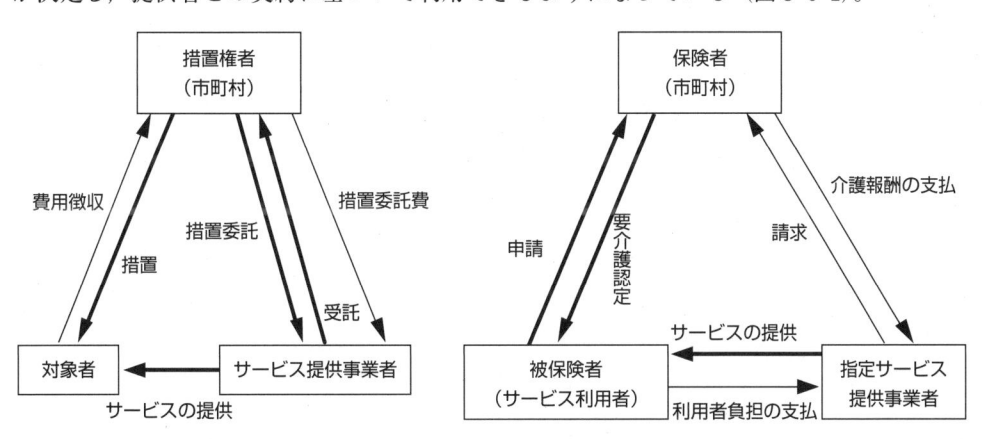

図3-6-1　介護保険法施行前後の利用者と施設の関係

　介護保険法施行後の介護保険法と老人福祉法の関係については，基本的に介護保険法が優先し，「やむをえない事由」がある場合に老人福祉法が適用される。介護保険法では，契約に基づいてサービスが提供されるため，契約が結べない状況でサービスが必要と考えられる場合には措置によるサービスとなる。つまり，本人が虐待や介護放棄を受けている場合，痴呆等の理由で意思能力が乏しく，かつ本人を代理する家族や代理人がない場合などが想定されている。

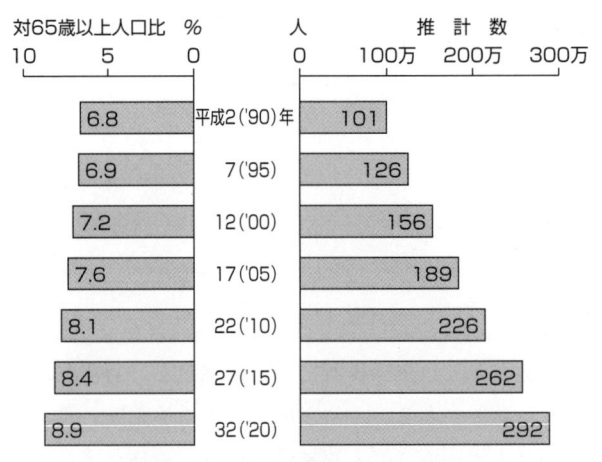

```
                対65歳以上人口比　％              人         推　計　数
                10      5      0            0    100万  200万  300万

                        6.8        平成2('90)年    101
                        6.9           7('95)      126
                        7.2          12('00)      156
                        7.6          17('05)      189
                        8.1          22('10)      226
                        8.4          27('15)      262
                        8.9          32('20)      292
```

図 3-6-2　痴呆疾患の将来数の推計

資料　平成2年度厚生科学総合研究
　　　「老人性痴呆疾患患者のケア対策に関する研究」
　　　国民の福祉の動向（2001）

1．施設の目的

(1) 特別養護老人ホーム・養護老人ホーム

　1963年に制定された老人福祉法によって設置された。それまでの高齢者を対象とした施設は，経済的な支援を重視した養老施設のみであったが，介護ニーズの増大に伴い，加齢に伴う一般的な介護のニーズに対応するための施設として特別養護老人ホームが新たに位置づけられた。養老施設は養護老人ホームとして引き継がれた。

　老人福祉法では，特別養護老人ホームの入所は「身体上又は精神上著しい障害があるために常時の介護を必要とし，かつ，居宅においてこれを受けることが困難なもの（第11条第1項第二号）」が対象とされている。特別養護老人ホームは，介護保険制度では介護老人福祉施設として指定されるが，「指定介護老人福祉施設の人員，設備及び運営に関する基準」の中で同様の規定がされている。

　養護老人ホームは，「身体上，精神上又は環境上の理由及び経済的な理由により居宅において養護を受けることが困難なもの（老人福祉法第11条第1項第一号）」が入所できる施設である。

表 3-6-1　特別養護老人ホームの施設数，定員の推移

	昭和40年 (1965)	45 ('70)	50 ('75)	55 ('80)	60 ('85)	平成2年 ('90)	7 ('95)	10 ('98)	11 ('99)
施 設 数	27	152	539	1,031	1,619	2,260	3,201	3,942	4,214
定員（人）	1,912	11,280	41,606	80,385	119,858	161,612	220,916	266,568	283,822

資料　厚生労働省「社会福祉施設等調査報告」

(2) 介護老人保健施設

　高齢化が進行し，慢性疾患患者が増加するとともに，急性期疾患中心の従来の治療の考え方だけではニーズに対応しきれなくなっていた。なぜなら高齢者や慢性疾患患者の場合，急性期を過ぎれば，治療や療養は完全に治癒することを目的とするよりは疾患や障害とうまく付き合いながら生活していくことが重視されるためである。そこで，病院が担う本来の入院治療とは別に，病状の安定した者に対し看護，介護，機能訓練に重点をおいたケアを提供する施設が必要とされ，老人保健法を根拠法として1986年に老人保健施設が創設された。設置された当初，老人保健施設は病院から在宅への中間施設として位置づけられていた。介護保険法では，「介護老人保健施設の人員，施設及び設備並びに運営に関する基準」の中で，「心身の状況及び病状並びにその置かれている環境に照らし看護，医学的管理の下における介護及び機能訓練その他必要な医療等が必要であると認められる者」を対象とすることが規定されており，医療的配慮の必要な利用者のための施設として位置づけられている。介護保険制度でも，入所が長期化しないよう配慮している施設も多い。

(3) 有料老人ホーム

　特別養護老人ホームの入所対象として認められない程度の介護状態であったり，特別養護老人ホームのサービスが利用者のニーズに合わない場合に利用する代表的な施設として，有料老人ホームがある。設置主体について法律上の制限がないため，民間企業を含むさまざまな主体によって設置・運営されている。設置に関する制限はないが，施設に関する事項について都道府県知事に届出することが義務づけられている（老人福祉法第29条）。ニーズに応じてさまざまなホームがあり，利用者は，介護保険制度が始まる以前から事業者との契約に基づき利用している。

　有料老人ホームの一部は，介護保険制度上の「特定施設入所者生活介護」として指定を受け，介護保険の給付と利用者負担で運営している施設もある。

(4) 老人短期入所施設

　在宅で家族などの介護を受けて生活している高齢者が，介護者の事情などにより短期間在宅で介護を受けることが難しくなった場合に，一定期間入所して介護を受けられる施設である。老人短期入所施設として独立した施設もあるが，特別養護老人ホームの一部を短期入所施設として利用する場合もある。

　介護保険制度では，短期入所生活介護として居宅サービスの一環として位置づけられている。要介護度別に設定されている日数の上限の範囲内で利用できる。介護保険制度で短期入所生活介護の対象となる利用者は，その運営基準により「利用者の心身の状況により，若しくはその家族の疾病，冠婚葬祭，出張等の理由により，又は利用者の家族の身体的及び精神的な負担の軽減等を図るために一時的に居宅において日常生活を営むのに支障がある者」と定められている。老人福祉法に基づく措置は，やむをえない事由により介護保険法での利用ができない場合に適用される。

　なお，介護保険制度では，老人保健施設や介護療養型医療施設などで病床の一部を短期

入所施設として利用する短期入所療養介護も位置づけられている。

(5) 老人デイサービスセンター

老人福祉法では、「65歳以上の者であって、身体上又は精神上の障害があるために日常生活を営むのに支障があるもの」に対して、「入浴、食事の提供、機能訓練、介護方法の指導」などを提供する施設とされている（老人福祉法第10条の4第2項）。介護保険制度では通所介護として居宅サービスの一環として位置づけられている。

外出が可能なレベルの日常生活動作能力（Activities of daily living: ADL）の要介護者であっても、障害や疾患のため不安が大きく、なかなか外出できない高齢者もいる。外出が少なければ、身体を動かす機会も少なくなるため、食欲の減退、うつ傾向、昼夜逆転の生活など心身機能の低下につながることもある。デイサービスセンターは、このような要介護者が出かけていく先として利用できる。また、要介護者と介護者とが離れる時間を提供する機能も果たしている。このことにより、要介護者が介護者以外の人との人間関係をもつことができ、生活の広がりができるとともに、介護者が余裕のある介護を行うことができる。

なお、介護保険制度では、介護老人保健施設、病院、診療所などが提供する理学療法、作業療法などに重点をおいた通所リハビリテーションもある。

2．利用者の理解

利用者は、介護が必要と感じ、これまで居住していた場所では生活できない場合に施設に入所しようと決定する。痴呆などにより利用者自身には意思決定能力がなく、家族の判断による場合もある。有料老人ホームなどの入所者は、入所時点では介護が必要な状況でなくても、将来、要介護状態になることの不安から入居することもある。

要介護状態は、多くの場合疾病や傷害によって引き起こされるが、生理的な老化によっても生ずる。疾病や傷害の場合には、その時点から急激に身体機能が低下するが、生理的な老化の場合にはそれが徐々に低下することになる。どちらの場合にも、自分自身の状況を受け入れるのは難しく、時間のかかることである。ありのままの自分を受け入れることができない場合には、他者による支援の必要性を認めることができず、介護をするのが難しくなる。また、家族が要介護者のありのままを理解できない場合も、要介護者本人にとっての適切な介護が提供できないことがある。

身体機能に低下がみられたとしても、居宅サービスを活用できる、家族からの介護が期待できる、障害に合わせて居宅を改修することができる、など、生活を支えるための環境を整えることができれば、居宅での生活を継続することができる。身体機能が低下するということとは別に、さまざまな事情でそれまでの居宅では生活を継続できなくなり、施設入居を決定するということもある。

このように、施設で生活することを選択した利用者の背景はさまざまである。誰もが高齢者になり、介護が必要になる可能性が高い現在、施設を利用する人の特徴をまとめて述

べることはできない。施設利用者が置かれているさまざまな状況のうち、ここでは施設を利用する最大の決定要因である要介護状態と、要介護状態のきっかけとなりやすい疾病や症状についてとりあげる。

(1) 要介護状態

介護保険制度においては、保険給付を受ける際に必ず要介護認定が必要とされる。介護保険での「要介護状態」は、直接生活介助、間接生活介助、問題行動関連介助、機能訓練関連行為、医療関連行為の5領域による判定（表3-6-2）と、医師等から構成される介護認定委員会の総合的な判断とを組み合わせて認定される。この5領域は、介護の必要性の程度を介助する者の側からとらえたものである。

直接生活介助とは、入浴、排せつ、食事等、身体に直接触れて行う介護のことであり、間接生活介助とは、衣服等の洗濯、日用品の整理など、日常生活上の世話のことである。問題行動とは、痴呆などによって生じる徘徊や不潔行為等の行為のことであり、それらに対応するための行為も介護に含まれている。機能訓練関連行為とは下半身にまひがある人などに対する歩行訓練、疾患により飲み込む機能が低下した人に対する嚥下訓練等、日常生活の中で可能な機能訓練に関連した介助である。医療関連行為とは、呼吸器をつけたり酸素療法をしている人の呼吸管理、じょくそうの処置などの診療の補助である。

表3-6-2 要介護認定における一次判定

直接生活介助	身体に直接触れて行う入浴、排せつ、食事等の介護等
間接生活介助	衣服等の洗濯、日用品の整理等の日常生活上の世話等
問題行動関連介助	徘徊、不潔行動等の行為に対する探索、後始末等の対応
機能訓練関連行為	嚥下訓練の実施、歩行訓練の補助等の身体機能の訓練及びその補助
医療関連行為	呼吸管理、じょくそう処置の実施等の診療の補助等

要支援	5分野を合計した要介護認定等基準時間が30分未満であって ・要介護認定等基準時間が25分以上　または ・間接生活介助、機能訓練関連行為の2分野の要介護認定等基準時間の合計が10分以上
要介護1	5分野を合計した要介護認定等基準時間が30分以上50分未満
要介護2	5分野を合計した要介護認定等基準時間が50分以上70分未満
要介護3	5分野を合計した要介護認定等基準時間が70分以上90分未満
要介護4	5分野を合計した要介護認定等基準時間が90分以上110分未満
要介護5	5分野を合計した要介護認定等基準時間が110分以上

国民の福祉の動向（2001）

介護の必要性は、利用者の側の日常生活動作（ADL）からとらえることもできる。日常生活を、食事、排泄、入浴などの生活場面に分け、それぞれどの程度できるかによって要介護状態を把握しようとするものである。これは、どの程度介助が必要なのか、ということに加え、何ができて何ができないのかを把握し、必要な介助の部分を明らかにすることができる。また、できなかったことができるようになるなど介護の過程における変化をとらえるために使われる場合もある。

(2) 要介護状態のきっかけになりやすい疾患・症状

1）痴呆　　痴呆症状は、アルツハイマー病と脳血管障害の後遺症が代表的である。ア

ルツハイマー病では，脳は全体的に萎縮し，神経細胞が著しく減少する。日常生活が困難になるほど記憶力が低下し，思考力や判断力の低下も徐々に進行する。日付，時間，場所，家族や親しい友人のことがわからなくなる見当識障害が生じたり，日常生活に必要な動作能力も低下する。知的機能の低下，感情の不安定，攻撃性，無関心など感情や意欲の障害のほか，徘徊，不潔行為がみられるようになることもある。

脳血管性痴呆は，脳血管障害によって生じる。原因の多くは脳梗塞の多発（多発性脳梗塞）である。痴呆症状への対応は家族のみでは難しく，適切な治療とリハビリテーションによる直接的な働きかけが不可欠である。また，痴呆性高齢者の対応について，実践から症状を重篤化させない技術が蓄積されつつある。痴呆性高齢者が居宅で生活する場合には，サービスを利用しながら生活することが，本人にとっても家族にとっても望ましいとされているが，痴呆症状が進行すると施設に入所する者も多い。

2）**脳血管障害**　脳動脈硬化による動脈の破裂・閉塞などによる脳の疾患である。脳卒中とも呼ばれる。血液循環が止まると，細胞，組織が死滅する。これを細胞の壊死というが，脳動脈の障害によって脳内の脳細胞が壊死を起こすのが脳血管障害である。脳血管が閉塞した場合を「脳梗塞」，破裂した場合には「脳内出血」，「くも膜下出血」という。

壊死を起こした細胞の部位によって，まひの場所や程度，記憶障害，痴呆など症状の有無などが異なる。まひが残存する程度は，早い時期に適切なリハビリテーションを実施できたかどうかによっても異なる。重篤な場合には死に至る。

3）**廃用性症候群**　人間の心身機能は，十分に活用しなくなると低下する。これを廃用性症候群という。回復力が弱くなる高齢期では，いったん低下してしまった機能を回復させるには時間がかかるため，この廃用性症候群に注意することが必要である。

たとえば，毎日が単調で新しいことが何もないような生活を続けていると，心理的荒廃が生じ，うつ状態になる。うつ状態になると体を動かしたくなくなる。体を動かさないと，骨格筋の萎縮が起こり，歩行困難，寝たきりへと進行する。寝たきりになると，食欲が低下して低栄養になり，長時間圧迫された部分にはじょくそうができる。また，排泄のコントロールができなくなるなど，臓器の機能の低下に至る。これらの悪循環は一方向のものではなく，相互に関連しながら悪化していく。疾患や骨折などを契機に急激に廃用性症候群に陥っていくこともある。

廃用性症候群に陥らないためには，心身機能を可能な範囲で使う生活を心がけることである。寝たきりの場合は座位での時間を長くし，車椅子で移動することによって生活場所を多様化する。まひがある場合にはその部位を意図的に動かす。人との関わりがほとんどない生活をしている場合には，関わりを広げる機会を作り生活にメリハリをつけるなど，状況に応じてケアすることが重要である。

4）**骨折**　高齢期での骨折は治癒しにくく，特に大腿部の骨折を契機にして寝たきりになるケースが少なくない。高齢期の骨折は，内的な要因の代表的なものとして老化に伴

なう骨量の減少（骨粗しょう症）があり，外的な要因の代表的なものとしては転倒がある。

骨粗しょう症は，複合的な要因により生じると考えられており，加齢，遺伝，体質，女性ホルモンの不足，栄養の不足，運動不足，喫煙，過度のアルコール摂取等がある。第一の要因は加齢であり，誰でも骨量は減少するが，栄養や運動など生活習慣に配慮することで減少を抑えることができる。

転倒は，加齢による筋力やバランス感覚などの低下が1つの要因である。また，屋内に段差があったり，体を支えるための手すりがなかったり，滑りやすくなっている箇所などの環境上の障害物も要因の1つである。したがって，高齢者がより安全に移動できるような環境を整備することが，転倒による骨折の予防につながる。

3．サービスの特徴

(1) 特別養護老人ホーム・養護老人ホーム

特別養護老人ホームでは，介護保険法に基づく介護老人福祉施設サービスが提供される。介護老人福祉施設サービスは，「施設サービス計画に基づいて行われる入浴，排せつ，食事等の介護その他の日常生活上の世話，機能訓練，健康管理及び療養上の世話」（介護保険法7条21項）である。

介護老人福祉施設の運営基準では，日常生活を営む上で必要な身体的介護に加え，行政手続き等の代行など社会生活上の便宜を提供すること，入院治療が必要な利用者に対応するための協力病院を定めることとされている。つまり，介護老人福祉施設は全面的に生活をする場所であり，生活の継続に必要とされる介助が受けられる場所である。

特別養護老人ホームは，1963年に制定された老人福祉法で位置づけられたが，当初，ケアの技術は医療の延長線上に位置づけられる傾向があった。つまり，手術や治療のために短期間ベッド上で過ごす際の援助としてのケア技術の影響を強く受け，食事をするのも排泄をするのもベッドの上でという生活であった。しかしながら，入所者が長期間暮らす施設としての「生活のケア」が必要との反省から，ケアの方法に新たな視点が加えられ，技術が蓄積された。今では，離床のもたらす身体面，精神面へのプラスの影響が明らかになり，多くの利用者が離床し，食堂で食事し，トイレで排泄するという生活が営めるよう努力されている。施設では，その人らしい生活を実現するためのケアの技術が向上してきている。

高齢者の生活する施設では，その人の必要性に応じて介護サービスを提供している。介護保険では，ひとりひとりの施設サービス計画を立ててサービスを提供するよう定められている。1つの介護行為が多くの目的を兼ねている場合もあるし，意図した目的とは違う効果が得られる場合もある。たとえば，食事の介助は，文字通り食事という行為の介助と，嚥下困難な人に対しては嚥下訓練，上肢まひの人に対しては食事をするという機能訓練にもなる。食堂で食事ができるよう，車椅子で移動できるよう介助し，日常生活でそれが定着したら，それまで人と話す意欲がなかった人が積極的にコミュニケーションをとるようになったという事例も報告されている。また，経管栄養により栄養摂取をしていた人が，

チューブを抜き介助によって経口で食事ができるようになったら，全身の身体機能が向上し入浴もできるようになるなど，生活がどんどん広がっていったという事例もある。1つの適切な介助行為は，その介助の直接的な目的の達成のみならず，その人の生活全体に影響していくものである。施設入所者は，その施設でほぼすべての時間を過ごしており，施設職員はその人の全生活と関わることになる。施設での介護しだいで，利用者の生活は大きく変化する。

　近年，施設の利用者の生活を重視するという考え方は，広く浸透しつつある。たとえば身体的拘束は，治療上必要な場合に用いられてきたが，介護保険では介護老人福祉施設の運営基準で，「緊急やむをえない場合を除き，身体的拘束その他入居者の行動を制限する行為を行ってはならない」と身体的拘束の禁止が明記された。これは，老人病院での取り組みを発端にして全国的に広がっていった，患者・利用者の視点に立った発想からの取り組みである。患者・利用者の行動を管理するという視点ではなく，その人がその人らしい生活をおくれるよう支援するという視点でのケアが重視されている。

　さらに近年ではケアの個別化が全国的にみられるようになり，1居室の人数をみても個別に対応できるケアへの志向が現れており，1居室あたりの人数は年々減少傾向にある。厚生省の「社会福祉施設等調査」によれば，個室は1985年には全居室数の3.8パーセントであったが，1997年には22.5パーセントになっている2000（平成12）年度厚生白書。また，設備面でも集団から個別への流れがみられる。

　一方，施設を利用したい高齢者数が増大することが予測される中，すべてを個室で対応しようとするのは非現実的である。また，個人の生活は重視しつつも，施設での人と関わる機会が乏しくなる。そこで，いくつかのグループケアユニットをつくる「ユニットケア」の試みもなされている。これはひとりひとりの独立した生活空間は確保しつつ，10人程度のグループで共用の食堂や談話スペースを設けるなどをして，家庭的な雰囲気の中でケアを行っていくものである。

　このように介護老人福祉施設では，個人個人のニーズに対応できるようさまざまな工夫を重ね，施設サービスは変化し続けている。

(2) 介護老人保健施設

　介護老人保健施設では，介護保険法に基づく介護老人保健施設サービスが提供される。介護老人保健施設サービスは，「施設サービス計画に基づいて行われる看護，医学的管理の下における介護及び機能訓練その他必要な医療並びに日常生活上の世話」（介護保険法第7条第22項）である。介護老人福祉施設と比較すると，より医療的な配慮が必要な者の利用を想定した施設である。このことは医師や看護師の人員基準に反映されており，介護老人福祉施設よりも，介護老人保健施設のほうが医師や看護師の割合は高くなっている。また，介護老人保健施設では理学療法士または作業療法士を置くことが義務づけられている。

　老人保健施設が設置された当初のねらいの影響から，病院から在宅に退院する際の中間の施設として利用されるケースも多い。急性期を脱しているが直接在宅で生活するには機

能訓練が足りない，痴呆症状があるなどのケースには，ADLや生活リズムが身に付けられるようなケアが提供される。

(3) 有料老人ホーム

有料老人ホームは，「常時10人以上の老人を入所させ，食事の提供その他の日常生活上必要な便宜を提供することを目的とする施設」（老人福祉法第29条）である。有料老人ホームの一部は，特定施設入所者生活介護事業者として指定を受けているところもあり，この場合は介護保険法第7条第16項で「計画に基づき行われる入浴，排せつ，食事等の介護その他の日常生活上の世話であって，機能訓練及び療養上の世話」と定められている。

(4) 老人短期入所施設

介護保険で提供される短期入所サービスは，短期入所生活介護と短期入所療養介護の2種類があるが，短期入所生活介護は，単独の短期入所施設と特別養護老人ホームなどの施設の一部が利用されサービスが提供される。また老人保健施設，介護療養型医療施設などの一部が短期入所療養介護施設となる。短期入所療養介護は，医療的な配慮が必要な利用者が短期間利用する。

短期入所は，一般的には居宅で何らかのサービスを受けている人が，居宅での生活が一時的に困難になった場合に，居宅サービスの一環として提供される。利用者のニーズに適したサービスを提供するためには，その人の生活を理解したり，必要なケア計画を立案しなければならないが，短期入所施設では利用開始から退所までが短期間であるため，居宅で受けているサービス事業者（特にケアマネジャー）との連携が必要不可欠である。

(5) 老人デイサービスセンター

老人デイサービスセンターでは，入浴および食事の提供とこれらにともなう介護，その他の日常生活上の世話や機能訓練などのサービスが提供され，利用者は1日のうちの数時間をそこで過ごす。介護保険制度では「通所介護」である。

通所介護での機能訓練には，理学療法士などによって行われる場合と，介護職員になどによる音楽やレクリエーションを通じ自然な動きの中で行われる場合とがある。リハビリテーションに重点をおいた通所サービスは，介護保険では「通所リハビリテーション」として別に位置づけられている。

サービスはグループ単位で提供されることが多いが，ケアプランは個別に立てられ，個人個人のニーズに合わせて，多様なプログラムを組み合わせたサービス提供することが求められる。多くのデイサービスセンターでは入浴が組み込まれており，要介護度が高く自宅の浴室では入浴が難しい利用者のニーズに対応している。

4. 有意義な体験を目指して

(1) 高齢者との関わり，高齢者と職員との関わりの観察の中から

　高齢者は，それまで長い人生を歩んできた人生の大先輩である。記憶障害があっても，言語障害があっても，重度の痴呆症状があっても，ひとりひとりから語られる言語的，非言語的メッセージは，各人各様の「生き様」を教えてくれる。高齢期は，人間の発達過程の中で個人差の大きい時期と言われている。それまでの生き方を反映した個性と向き合うことは貴重な体験である。

　また，個性の強い高齢者達に対し，少ない人数で上手に対応する職員達の技術にも学ぶところは大きいかもしれない。要介護者が体を動かしやすいように介助する方法，言葉をかけるタイミング，言語的なコミュニケーションの難しい高齢者とのやりとりなど，職員のさまざまな工夫が観察できるだろう。

(2) 高齢者が生活しやすいよう配慮された環境づくり

　施設には，さまざまなADLレベルの高齢者が入所している。どの高齢者も可能な限り自立した生活が営めるよう，設備面でも配慮されている。たとえば，痴呆性高齢者の入所している施設では，徘徊する可能性のある高齢者に対応しての出入り口は自由に出ることができなくなっていることが多い。これは，施設内では自由に歩けるようにするためでもある。施設の浴室，トイレでは，転倒防止のための配慮がなされている。身体機能が大きく低下した高齢者は電動で起き上がれるベッド（電動ギャッチベッド）を利用し，ベッド柵を活用して体を起こしたり，介助されながら車椅子に移乗したりする。立ち上がれる高齢者の場合のベッドの高さは，腰掛けたときに床に足がつく高さになっており（または，高さを下げることができるようになっており），その点が病院でのベッド上のみの生活を前提とした介助しやすい高さに設定されたベッドとは異なっている。

　このように入居する高齢者を，ひとりひとり個性のある生活者としてとらえケアしていくことは，その設備からも観察することができるだろう。

文　献

厚生省(監修)　2000　平成12年版厚生白書　新しい高齢者像を求めて：21世紀の高齢社会を迎えるにあたって　ぎょうせい
三好春樹　2000　生活リハビリ講座2　生活障害論　雲母書房
三好春樹　2000　生活リハビリ講座3　身体障害学　雲母書房
直井道子・山田知子　2000　高齢者福祉　放送大学教育振興会
折茂肇・近藤喜代太郎　2000　高齢者の心と身体　放送大学教育振興会
竹内孝仁　1995　医療は「生活」に出会えるか　医歯薬出版
竹内孝仁　1998　通所ケア学　医歯薬出版

推薦図書

直井道子・山田知子　2000　高齢者福祉　放送大学教育振興会

付　録

1　介護等体験特例法

(「小学校及び中学校の教諭の普通免許状授与に係る教育職員免許法の特例等に関する法律」平成9年法律第90号)

(趣　旨)
第1条　この法律は，義務教育に従事する教員が個人の尊厳及び社会連帯の理念に関する認識を深めることの重要性にかんがみ，教員としての資質の向上を図り，義務教育の一層の充実を期する観点から，小学校及び中学校の教諭の普通免許状の授与を受けようとする者に，障害者，高齢者等に対する介護，介助，これらの者との交流等の体験を行わせる措置を講ずるため，小学校及び中学校の教諭の普通免許状の授与について教育職員免許法（昭和24年法律第147号）の特例等を定めるものとする。

(教育職員免許法の特例)
第2条　小学校及び中学校の教諭の普通免許状の授与についての教育職員免許法第5条第1項の規定の適用については，当分の間，同項中「修得した者」とあるのは，「修得した者（18歳に達した後，7日を下らない範囲内において文部省令で定める期間，盲学校，聾学校若しくは養護学校又は社会福祉施設その他の施設で文部大臣が厚生大臣と協議して定めるものにおいて，障害者，高齢者等に対する介護，介助，これらの者との交流等の体験を行った者に限る）」とする。

　2　前項の規定により読み替えられた教育職員免許法第5条第1項の規定による体験（以下「介護等の体験」という）に関し必要な事項は，文部省令で定める。

　3　介護等に関する専門的知識及び技術を有する者又は身体上の障害により介護等の体験を行うことが困難な者として文部省令で定めるものについての小学校及び中学校の教諭の普通免許状の授与については，第1項の規定は，適用しない。

(関係者の責務)
第3条　国，地方公共団体及びその他の関係機関は，介護等の体験が適切に行われるようにするために必要な措置を講ずるよう努めるものとする。
　　2　盲学校，聾学校及び養護学校並びに社会福祉施設その他の施設で文部大臣が厚生大臣と協議して定めるものの設置者は，介護等の体験に関し必要な協力を行うよう努めるものとする。
　　3　大学及び文部大臣の指定する教員養成機関は，その学生又は生徒が介護等の体験を円滑に行うことができるよう適切な配慮をするものとする。

(教員の採用時における介護等の体験の勘案)
第4条　小学校及び中学校の教員を採用しようとする者は，その選考に当たっては，この法律の趣旨にのっとり，教員になろうとする者が行った介護等の体験を勘案するよう努めるものとする。

　　附　　則

1　この法律は，平成10年4月1日から施行する。
2　この法律の施行の日前に大学又は文部大臣の指定する教員養成機関に在学した者で，これらを卒業するまでに教育職員免許法別表第1に規定する小学校又は中学校の教諭の普通免許状に係る所要資格を得たものについては，第2条第1項の規定は，適用しない。

2　社会福祉施設における専門家

　福祉の職場で働く人の職種は多種類に分かれる。たとえば福祉サービスの利用者に対し，介護などの直接サービスを提供する職種には，たとえば特別養護老人ホームなどの寮母・寮父，あるいは利用者の自宅を訪問してサービスを提供するホームヘルパーなどがある。また利用者の生活全般の相談・援助や，家庭関係の調整などを行う職種に指導員があり，施設の種類により，それは生活指導員，児童指導員などの名称で分かれている。それらに加え，主に児童福祉施設で働く保育士や，障害をもった人のリハビリテーションを行う理学療法士・作業療法士，医療的なケアにあたる看護師などがある。施設以外では，社会福祉協議会の職員や福祉事務所などの行政機関のケースワーカーなどがある。この他にも福祉施設などの運営に欠かせない栄養士や調理師，事務職員などの職種がある。以下，資格を中心に（医師と看護師を除いた）福祉領域の専門家について取り上げることにする。

1．社会福祉士，精神保健福祉士，介護福祉士等の仕事

社会福祉士

　心身の機能低下や環境上の理由などさまざまな要因によって，日常生活を営むことが難しい場合がある。その時，相談にのり，適切な福祉サービスが受けられるように援助する専門家が社会福祉士である。利用者の相談にのるだけでなく，具体的に，利用者を取り巻く環境や社会制度に働きかけることも社会福祉士の仕事になっている。この資格は1987年に制定された国家資格で，現在のところ名称独占の資格で，この資格を取得した人のみ「社会福祉士」を名のることができる。医師や看護師のようにその資格をもたないと仕事ができない業務独占の資格とは性格が異なる。

　この資格をもった人の多くは，高齢者施設の生活指導（相談）員や児童福祉施設の指導員として機能している。生活指導員と児童指導員は，社会福祉についての幅広い専門的知識と高度な技術をもち，施設の第一線で，一緒に働く寮母・看護師など他の専門分野の職員とチームを組み，ときにはチームのリーダーとしての重要な役割を果たす専門職員のことである。生活指導員は，老人福祉施設などの成人を対象とする施設で，これまでそれぞれが違った環境で生活してきた人たちに対し，施設内の集団の中で快適な生活を送ることができるよういろいろ手助けをする仕事をしている。また地域内の関係者との接触，外部機関との調整，利用者の入退所に関わる仕事と，その業務は多岐にわたる。いわば老人福祉施設で中心的な役割を果たす職種である。なお，施設で生活する子どもたちは，そこで豊かな人間として育ち，社会に巣立っていく。そのかたわらで，援助・育成・代弁する職務が，児童施設の指導員といえる。これまで「生活指導員」という表現で説明されてきたが，基本的には，児童の生活や教育，自立のためのより豊かな環境づくりや，指導・援助が主な仕事である。また障害児・者施設を利用する人たちの多くは，自ら健康を維持すること，危険を回避することが困難であり，したがって，利用者の健康管理，安全な環境を維持することをねらいとすることが仕事の基本となる。具体的には，食事，衣服の着脱，排泄などの基本的な生活慣習を身につけさせていくための援助があるが，障害の重い人ほ

ど，このことが重点的な課題になる。次に，その人の潜在能力を最大限に引き出すため，施設内作業（一般的には，農園芸，陶芸，木工，織物，企業の下請け作業など）を指導するとともに，各種行事をたて，実施することも重要な仕事になっている。また，保護者や，関係機関との日常的な連携も大切な仕事といえる。

　以上のような生活指導員と児童指導員になるための資格要件は，老人福祉法や児童福祉法などで定められている。生活指導員は，施設の種類によって違いがあるが，老人福祉施設を例にとると，社会福祉主事と同じ資格要件が求められる。社会福祉主事は，大学で厚生大臣の指定する社会福祉に関する科目を修めて卒業した者，厚生大臣の指定する養成機関または講習会の課程を終了した者から任用される。したがって学歴だけでなく，その仕事についての一定の経験年数などにより，生活指導員になることが可能となる。児童指導員となるための資格条件は，生活指導員よりはややきびしく，心理学，教育学，社会学を修めた大学卒業者や小学校，中学校，高校の教諭の資格をもっている人など，児童福祉について相当程度学識と経験をもっていることが必要である。

精神保健福祉士

　これは精神障害者の保健や福祉についての専門知識・技術に基づき，精神障害者の社会復帰についての相談援助を行う専門職の国家資格で，従来，この資格に関連した専門家はPSW（Psychiatric Social Worker）の名称で相談業務を行ってきたが，1998年（平成10年）4月よりこのPSWの業務に該当する国家資格として，精神保健福祉士の制度が確立された。主な職務内容は，精神障害者の社会復帰のための相談，退院後の住居や再就労の場の選択等についての助言・日常生活への適応のための訓練とされ，その業務の対象者は，精神病院，精神科デイケア施設に入・通院中の精神障害者，精神障害者社会復帰施設に入・通所している精神障害者，地域において生活する精神障害者のうち，いまだ医療施設への適切な受診に至っていない精神障害者が想定されている。なお，精神保健福祉士の活躍する職場は，精神病院その他の医療施設，精神障害者の社会復帰施設（精神障害者生活訓練施設，精神障害者授産施設，精神障害者福祉ホーム，精神障害者福祉工場），保健所等である。

介護福祉士

　介護福祉士は，「介護福祉士の名称を用いて，専門的知識及び技術をもって，身体上または精神上の障害があることにより日常生活を営むのに支障がある者につき入浴，排せつ，食事その他の介護を行い，並びにその者及びその介護者に対して介護に関する指導を行うことを業とする」専門職の国家資格である。介護福祉士の資格は，前述の社会福祉士資格と同様に「名称独占」であり，介護福祉士資格をもっていないと就けない職種というのは現在のところあまり存在せず，職種の具体的なものとして，福祉施設では，老人ホーム・身体障害者関係の寮母（父）と呼ばれる介護職・ケアワーカー関係，在宅では，高齢者・心身障害者関係のホームヘルパーなどがある。なお，ホームヘルパーの資格は，ホームヘルパーとして訪問介護をする専門家としての資格で，1級から3級まであり，それぞれ級

によって，行える業務等が違っている。チームの主任も務められる「1級」は計230時間，基本的な知識や技術があり常勤が可能な「2級」は130時間，入門編と位置付けられる「3級」は50時間の講習を受講することが求められている。一般的には，在宅サービスに関わる場合，日常生活を営むことに支障のある高齢者や障害者の家庭を訪問し，介護や家事援助を行うことができる。その内容は食事の世話，洗濯，掃除，生活必需品の買い物，そのほか必要な家事援助をする家事型と，食事・入浴・排泄等の介護援助をする介護型に大別される。さらに生活に関する相談・助言を行い，日常生活が円滑におくれるよう必要な援助を行う。なお介護の現場でホームヘルパーの資格を活かすには，2級の取得が不可欠である。このようなホームヘルパーの養成研修は，各市町村，各市町村社会福祉協議会，福祉人材センター・バンクの他，さまざまな団体・機関等の場所で開催されている。また，介護福祉士は介護職としての専門性を生かし，在宅介護支援センターの職員など相談業務にあたる場合もある（介護職が在宅介護支援センターの職員になる場合には介護福祉士資格取得が必須となる）。

　介護福祉士の資格は，1987（昭和62）年に日本で初めて福祉専門職として制定された国家資格で，資格を取得するには，大別して高等学校卒業後，厚生労働大臣の指定する介護福祉士養成施設を卒業する，あるいは寮母（父）など介護の実務経験3年以上を受験資格とする国家試験に合格する，の2つで構成されている。

介護支援専門員
　「ケアマネージャー」とも呼称される介護支援専門員は，国家資格ではないが，要介護者等からの相談に応じ，及び要介護者等がその心身の状況等に応じ適切な居宅サービス又は施設サービスを利用できるよう市町村，居宅サービス事業者，介護保険施設等との連絡調整等を行う者であって，要介護者等が自立して日常生活を営むのに必要な援助に関する専門的知識及び技術を有する者（介護保険法第79条第2項の2）として厚生省令で定める者の総称である。この介護支援専門員は，介護保険施設（介護老人福祉施設，介護老人保健施設，介護療養型医療施設）及び居宅介護支援事業者（ケアプラン作成機関）には，必ず配置しなければならないとされている。具体的には，介護支援専門員の主な業務は，要介護者の課題分析とサービスとニーズの把握，介護サービス担当者会議の運営（サービス提供方針の検討），介護サービス計画の作成，介護サービス計画に応じたサービス提供の調整，介護サービス計画の継続的な管理と再評価，介護支援サービスの記録（情報の管理と共有），市町村の委託を受けた訪問調査の実施など多岐にわたる。

　受験資格は，①保健・医療・福祉分野で医師，歯科医師，薬剤師，保健師，看護師，理学療法士，作業療法士，社会福祉士，介護福祉士などの従事者のうち，原則として5年または10年以上の実務経験を有する者，②実務経験の取り扱い基準（個々の実務経験期間を通算して計算する），③業務経験期間が通算5年以上，かつ業務従事日数が900日以上（ただし，社会福祉主事任用資格を有する者又はホームヘルパー2級研修修了者は除く）となっている。実務研修をすべて修了すると，介護支援専門員名簿に登録され，登録証明書が発行される。

保育士

1999（平成11）年3月までは「保母」という名称であったが，児童福祉法施行令の一部改正に伴い，同年4月から「保育士」という名称に変更された。保育士資格を持つ者は，保育園（所）だけではなく，児童養護施設，障害児施設，肢体不自由児施設，母子生活支援施設，児童厚生施設，児童自立支援施設等の14の児童福祉施設で働くことができる。乳児から18歳までの児童が心身ともに健やかに育つよう，保護者とともに（あるいは保護者に代わって）保護育成する仕事に従事する職員のことを指している。

保育士は，乳幼児の養育はもちろんのこと，教育にも配慮し，ひとりひとりの子どもが就学に向けて，生活の手段（食べる，眠る，排泄する等）を上手に身に付け，健全な心と身体をもつ子どもに育つことを援助する仕事である。特に，産休明け保育，0歳児保育，障害児保育，病児保育，アレルギー児への対応などは，きめ細かな配慮が要求される。

保育士になるには，児童福祉法施行第令13条（保育士）により，厚生労働大臣の指定する保育士を養成する学校その他の施設を卒業する（厚生労働大臣の定める一定の科目を履修することにより，卒業と同時に保育士の資格が取得できる。修学期間は，昼間部で2年，夜間部で3年，4年制大学で4年である。また，短大や4年制大学の通信教育で保育士資格を取得することもできる）か保育士試験を受けて，保育士の資格を取得することができる。

2. 理学療法士，作業療法士，言語聴覚士等の仕事

理学療法士

理学療法士（PT: Physical Therapist）は，何らかの原因で身体の機能に障害をもった人に，筋力の増強などの運動療法，温熱・電気などを使った物理療法を中心に施し，日常生活を送るうえでの基本的な動作能力の回復を図る専門職の国家資格である。わが国の理学療法士の養成は，作業療法士と同様に，1963年5月の国立東京病院附属リハビリテーション学院の開設で始まった。その後「理学療法士及び作業療法士法」が1965年に成立し，それによれば理学療法士は身体に障害のある者に対し，主として基本的な動作能力の回復を図るために治療体操を行わせたり，電気刺激，マッサージ，温熱などの物理的な手段を加える治療法を行うとされ，その専門家が医師の処方のもとで機能する理学療法士となった。

理学療法士の職場は，社会福祉の分野では肢体不自由児施設，重症心身障害児施設，身体障害者療護施設，重度身体障害者更生援護施設などへの配置が規定されているほか，特別養護老人ホーム，老人デイサービスセンターなどの老人福祉施設でも施設によって配置している場合がある。

作業療法士

作業療法士（OT: Occupational Therapist）は，身体または精神に障害のある人に対し，主として応用的動作能力あるいは社会適応能力の回復を図るために，手芸や工作，そのほかの作業を行わせる職種で，たとえば運動障害の領域なら，日常生活動作，手段的生活活

動の向上，維持あるいは低下防止を図る専門職の国家資格である。作業療法士の職場は，社会福祉の分野では肢体不自由児施設，重症心身障害児施設，身体障害者療護施設，重度身体障害者更生施設などへの配置が規定されているほか，特別養護老人ホーム，老人デイサービスセンターなどの老人福祉施設でも施設によって配置している場合がある。

言語聴覚士

言語聴覚士（ST: Speech Therapist）は，聴覚障害，ことばの遅れ，失語症，発声・構音の障害などコミュニケーション能力に障害があり，援助を必要とする人々の問題を体系的に評価し，各々の障害に応じた訓練・指導を行う国家資格の専門家である。1997年12月「言語聴覚士の資格を定めるとともに，その業務が適正に運用されるように規律し，もっと医療の普及及び向上に寄与することを目的とする」として，「言語聴覚士法」が制定された。言語聴覚士の職場は，リハビリテーション科・耳鼻咽喉科を中心とした病院・診療所，難聴幼児通園施設・聴覚言語障害者更生施設を中心とした社会福祉施設，保健所などである。聾学校や難聴学級などの教育機関でも今後活躍することが期待されている。

視能訓練士

視能訓練士は，見る機能（視能）に障害をもつ人に，機能回復のための視機能検査と視能矯正訓練を行う専門職の国家資格である。斜視や弱視などの視能障害の治療には，長期間にわたる矯正訓練が必要である。視能訓練士は，医師が診断治療を行うための基礎検査を行い，医師と相談のうえで訓練プログラムを作成し，各種光学機器を使って矯正訓練を行うことを仕事にしている。また，視能障害は早期発見，早期治療が大切なため，乳幼児に対する検査，診断に重点がおかれているが，高齢社会に向け，老化や糖尿病などで視力の低下した人に対するリハビリテーション指導も増えてきている。視能訓練士の職場は，多くが病院やリハビリテーションセンターなどの医療機関である。また保健所，学校などに勤務している場合もある。

義肢装具士

義肢装具士は，何らかの障害で失った手足の機能の代わりをする義肢，コルセットなどの治療を目的にした装具を製作し，利用者が日常生活をおくるうえで必要な機能の回復を図り，社会復帰を促進するリハビリテーションを行う専門職の国家資格である。多くの義肢装具士は義肢装具の製作会社に所属し，病院，リハビリテーション施設，肢体不自由児施設などに出向いて利用者の相談にのり，医師の処方のもとに義肢装具製作のための設計，製作さらに適合などのアフターケアも行う。リハビリテーション医療の普及や，医学，工学の急速な進歩により，義肢装具の開発や製作も大きく変化し，義肢装具士は，高い専門性を求められているほか，素材や設計，デザインなどの知識・技術，整形外科やリハビリテーションなどの基礎知識が必要とされる。

3 介護等体験実施施設一覧

[保護施設]
・救護施設
・更正施設
・授産施設

[児童福祉施設]
・乳児院
・母子生活支援施設
・児童養護施設
・情緒障害短期治療施設
・児童自立支援施設
・知的障害児施設
・自閉症児施設
・知的障害児通園施設
・盲児施設
・ろうあ児施設
・難聴幼児通園施設
・虚弱児施設
・肢体不自由児施設
・肢体不自由児通園施設
・肢体不自由児療護施設
・重症心身障害児施設

[身体障害者更生援護施設]
・身体障害者更生施設
　肢体不自由者更生施設
　視覚障害者更生施設
　聴覚・言語障害者更生施設
　内部障害者更生施設
　重度身体障害者更生施設
・身体障害者療護施設
　身体障害者療護施設
・身体障害者授産施設
　身体障害者授産施設
　重度身体障害者授産施設
　身体障害者通所授産施設
　身体障害者福祉工場

[知的障害者援護施設]
・知的障害者更生施設
　知的障害者更生施設（入所）
　知的障害者更生施設（通所）
・知的障害者授産施設
　知的障害者授産施設（入所）
　知的障害者授産施設（通所）
　知的障害者福祉工場

[精神障害者社会復帰施設]
・精神障害者生活訓練施設
・精神障害者授産施設
　精神障害者授産施設（入所）
　精神障害者授産施設（通所）
・精神障害者福祉工場

[老人福祉施設]
・老人デイサービスセンター
・老人短期入所施設
・養護老人ホーム
・特別養護老人ホーム

[介護保険施設]
・介護老人保健施設

[その他の社会福祉施設等]
・有料老人ホーム
・授産施設
・心身障害者福祉協会法に規定する福祉施設
・心身障害児通園事業を行う施設
・心身障害者デイサービス事業を行う施設
・在宅知的障害者デイサービスセンター
・地域福祉センター
・原子爆弾被爆者養護ホーム
・指定国立療養所

4　介護等体験実施施設の概要

	施　設　名	概　　　要
保護施設	救護施設	心身の著しい障害のため，日常生活の用を弁じ得ない者を入所させ，生活の扶助を行う。
	更生施設	心身の理由による，養護補導を要する者を入所させ，生活の扶助を行う。
	授産施設	心身の理由や世帯の事情により，就業能力の限られた者に就労，又は技能修得の機会を与え自立助長させる。
児童福祉施設	乳児院	乳児を入院させ，これを養育する。
	母子生活支援施設	配偶者のない女子又はこれに準ずる事情にある女子及びその者の監護すべき児童を入所させ，これらの者を保護する。
	児童養護施設	乳児を除いて，保護者のいない児童，虐待されている児童，その他環境上養護を要する児童を入所させ，これを養護する。
	情緒障害児短期治療施設	軽度の情緒障害を有するおおむね12歳未満の児童を短期入所させ，又は保護者のもとから通わせて，その情緒障害を治療する。
	児童自立支援施設	不良行為をなし，又はなすおそれのある児童を入所させて，これを自立支援する。
	知的障害児施設	知的障害の児童を入所させ，保護するとともに独立自活に必要な知識技能を与える。
	自閉症児施設	自閉症を主たる症状とする児童を入所させ，独立自活に必要な知識技術を与える。
	知的障害児通園施設	知的障害の児童を日々保護者のもとから通わせて保護するとともに，独立自活に必要な知識技能を与える。
	盲児施設	盲児（強度の弱視を含む）を入所させ，独立自立に必要な指導又は援助を行う。
	ろうあ児施設	聴覚・言語障害児を入所させ，独立自活に必要な指導又は援助を行う。
	難聴幼児通園施設	強度の難聴の幼児を通所させ，必要な指導訓練を行う。
	肢体不自由児施設	上肢，下肢または体幹の機能障害のある児童を入所させて治療する。
	肢体不自由児通園施設	上肢，下肢または体幹の機能障害のある児童を通園させて治療する。
	肢体不自由児療護施設	病院に入院することを要しない肢体不自由のある児童であって，家庭における養育が困難な者を入所させ，治療及び養護を行う。
	重症心身障害児施設	重度の知的障害及び重度の肢体不自由が重複している児童を入所させ，治療及び養護を行う。
身体障害者更生援護施設	肢体不自由者更生施設	肢体不自由者を入所させ，更生に必要な治療及び訓練を行う。
	視覚障害者更生施設	視覚障害者を入所又は通院させ，あんま，はり，きゅう等，訓練についての知識技能，訓練を行う。
	聴覚・言語障害者更生施設	聴覚・言語障害者を入所又は通所させ，更生に必要な治療及び訓練を行う。
	内部障害者更生施設	心臓，呼吸器の機能の障害者を入所させ，医学的管理の下に更生指導及び訓練を行う。
	重度身体障害者更生援護施設	重度の肢体不自由又は，重度の内部障害者を入所させ，家庭復帰に必要な治療及び訓練を行う。
	身体障害者療護施設	身体上の著しい障害のため常時介護を必要とするが，家庭ではこれを受けることが困難な最重度の障害者を入所させ，医学的管理の下に必要な保護を行う。
	身体障害者授産施設	身体障害者で雇用困難，又は生活に困窮する者を入所させ，必要な訓練を行い，職業を与え自活させる。（最終的には一般事務所に就職若しくは自営業で，自活させることを目的としているので，入所期間は一定ではない）
	重度身体障害者授産施設	重度の身体障害のため，ある程度の作業能力を有しながら，特別の設備と職員を準備しなければ，就業不可能な障害者を入所させ，施設内で自活させることを目的とする。
	身体障害者通所授産施設	身体障害者で雇用困難，又は生活に困窮する者を通所させ，必要な訓練を行い，職業を与え自活させる。

4　介護等体験実施施設の概要(続き)

	施 設 名	概　　要
知的障害者援護施設	身体障害者福祉工場	重度の身体障害者で作業能力はあるが，一般企業に雇用させ，必要との困難な者に職業を与え，健全な社会生活を営ませる。
	知的障害者更生施設(入所)	知的障害者を入所させ，保護するとともに更生に必要な指導及び訓練を行う。
	知的障害者更生施設(通所)	知的障害者を通所させ，保護するとともにその更生に必要な指導及び訓練を行う。
	知的障害者授産施設	知的障害者で雇用困難な者を入所させ，自活に必要な訓練を行うとともに，職業を与えて自活させる。
	知的障害者授産施設(入所)	知的障害者で雇用困難な者を通所させ，自活に必要な訓練を行うとともに，職業を与えて自活させる。
	知的障害者授産施設(通所)	知的障害者で雇用困難な者を通所させ，自活に必要な訓練を行うとともに，職業を与えて自活させる。
	知的障害者福祉工場	一般企業に就労できないでいる知的障害者を雇用し，生活指導，健康管理に配慮した環境の下で社会的自立を促進する。
精神障害者社会復帰施設	精神障害者生活訓練施設	回復途上にある精神障害者に対し，居室その他の設備を提供するとともに，専門の職員による生活指導等を行う。また，ショートステイ施設や通所部門が併設されている場合がある。
	精神障害者生活訓練施設(入所)	相当程度の作業能力を有するが，雇用されることが困難な精神障害者であって，将来就労を希望する者に対し，自活に必要な訓練及び指導を行う。
	精神障害者生活訓練施設(通所)	害者であって，将来就労を希望する者に対し，自活に必要な訓練及び指導を行う。
	精神障害者福祉工場	作業能力は有するものの，一般企業に就労できないでいる精神障害者を雇用する。
老人福祉施設	老人デイサービスセンター	在宅の虚弱老人に対し，通所の方法により，入浴等各種のサービスを提供することによって，老人の自立助長，社会的孤立感の解消，心身機能の維持向上等を図るとともに，その家族の身体的精神的な負担の軽減を図る。
	老人短期入所施設	養護者の疾病その他の理由により，家庭において介護を受けることが一時的に困難な者を短期間入所させ養護する。
	養護老人ホーム	心身の理由又は環境上の理由に加え，経済的な理由により家庭での養護が困難な者を入所させ養護する。
	特別養護老人ホーム	心身に著しい障害があり，常時介護を必要とし，家庭ではこれを受けることが困難な者を入所させ養護する。
介護保険施設	介護老人保健施設	入院治療は必要でない寝たきり老人等のために，家庭に復帰するための機能訓練や看護・介護を行う。

5　都道府県・政令指定都市社会福祉協議会等一覧

都道府県政令指定都市社協名	郵便番号	所在地	電話番号
北海道	060-0002	札幌市中央区北2条西7-1　道立社会福祉総合センター内	011-241-3976
札幌市	060-0042	札幌市中央区大通西19丁目　市社会福祉総合センター	011-614-3345
青森県	030-0822	青森県青森市中央3丁目20-30　県民福祉プラザ2階	017-723-1391
岩手県	020-0831	盛岡市三本柳8地割1番3　ふれあいランド岩手内	019-637-9711
宮城県	980-0014	仙台市青葉区本町3-7-4　県社会福祉会館内	022-222-0010
仙台市	980-0022	仙台市青葉区五橋2-12-2　仙台市福祉プラザ	022-223-2010
秋田県	010-0922	秋田市旭北栄町1-5　県社会福祉会館内	0188-64-2711
山形県	990-0021	山形市小白川町2-3-31　県総合社会福祉センター内	0236-26-1622
福島県	960-8141	福島市渡利字七社宮111　県総合社会福祉センター内	0245-23-1251
茨城県	310-0851	水戸市千波町1918　県総合社会福祉会館内	029-243-3805
栃木県	320-8508	宇都宮市若草1-10-6	028-622-0524
群馬県	371-8525	前橋市新前橋町13-12　県立社会福祉総合センター内	027-255-6033
埼玉県	338-8529	さいたま市針ヶ谷4-2-65　彩の国すこやかプラザ内	048-822-1191
千葉県	260-0026	千葉市中央区千葉港4-3　県社会福祉センター内	043-245-1101
千葉市	260-0844	千葉市中央区千葉寺町1208-2　千葉市ハーモニープラザ内	043-227-0852
東京都	162-8953	新宿区神楽河岸1-1　セントラルプラザ内	03-3235-1171
神奈川県	221-0835	横浜市神奈川区鶴屋町2-24-2　かながわ県民センター内	045-312-6308
横浜市	231-8482	横浜市中区桜木町1-1　市健康社会福祉総合センター	045-201-2096
川崎市	210-0024	川崎市川崎区日進町5-1　市福祉センター	044-244-3563
新潟県	950-8575	新潟市上所2-2-2　新潟ユニゾンプラザ内	025-281-5520
富山県	930-0094	富山市安住町5-21　県総合福祉会館	0764-32-2958
石川県	920-8857	金沢市本多町3-1-10　県社会福祉会館内	076-224-1212
福井県	910-8516	福井市光陽2-3-22　県社会福祉センター内	0776-24-2339
山梨県	400-0005	甲府市北新1-2-12　県福祉プラザ内	0552-54-8610
長野県	380-0922	長野市若里1570-1　県社会福祉総合センター内	026-228-4244
岐阜県	500-8385	岐阜市下奈良2-2-1　県福祉農業会館内	058-274-2940
静岡県	420-8670	静岡市駿府町1-70　県総合社会福祉会館内	054-254-5248
愛知県	460-0002	名古屋市中区丸の内2-4-7　県社会福祉会館内	052-232-1181
名古屋市	462-8558	名古屋市北区清水4-17-1　市総合社会福祉会館	052-911-3204
三重県	514-8552	津市桜橋2-131　県社会福祉会館内	0592-27-5145
滋賀県	525-0072	草津市笠山7丁目8-138	0775-67-3920
京都府	604-0874	京都市中京区竹屋町通烏丸東入ル清水町375　ハートピア京都5階	075-252-6291
京都市	602-8143	京都市上京区猪熊通丸太町下ル仲之町519	075-801-7460
大阪府	542-0065	大阪市中央区中寺1-1-54　大阪社会福祉指導センター	06-6762-9471
大阪市	543-0021	大阪天王寺区東高津町12-10　市社会福祉センター	06-6765-4041
兵庫県	651-2277	神戸市中央区坂口通2-1-18　県福祉センター内	078-242-4633
神戸市	651-0086	神戸市中央区磯上3丁目1-3	078-271-5314
奈良県	634-0061	橿原市大久保町320-11　県社会福祉総合センター内	07442-9-0100
和歌山県	640-8545	和歌山市手平2-1-2	0734-35-5222
鳥取県	680-0846	鳥取市扇町21　県民ふれあい会館内	0857-21-2271
島根県	690-0011	松江市東津田町1741-3　いきいきふれあいプラザ島根内	0852-32-5970
岡山県	700-0813	岡山市石関町2-1　県総合福祉会館内	086-226-3511
広島県	732-0815	広島市南区比治山本町12-2　県社会福祉会館内	082-254-3411
広島市	732-0052	広島市中区千田町1-9-43　市社会福祉会館内	082-243-0051
山口県	753-0072	山口市大手町9-6　ゆーあいプラザ県社会福祉会館内	0839-24-2777
徳島県	770-0943	徳島市中昭和町1-2　県立総合福祉センター内	0886-54-4461
香川県	760-0017	高松市番町1-10-35　香川県社会福祉総合センター内	0878-61-0545
愛媛県	790-8553	松山市持田町3-8-15　県総合社会福祉会館内	089-921-8912
高知県	780-8567	高知市朝倉戊375-1　県立ふくし交通プラザ内	0888-44-4600
福岡県	816-0804	春日市原町3-1-7　県社会福祉センター（クローバープラザ）内	092-584-3330
北九州市	804-0081	北九州市戸畑区千防災1-1-25　市福祉文化センター	093-881-0110
福岡市	810-0062	福岡市中央区荒戸3-3-39	092-713-0777
佐賀県	840-0021	佐賀市鬼丸町7-18　県社会福祉会館内	0952-28-3406
長崎県	852-8555	長崎市茂里町3-24　県福祉総合センター内	095-846-8600
熊本県	860-0842	熊本市南千反畑町3-7　県福祉総合センター内	096-324-5454
大分県	870-0907	大分市大津町2-1-41　県総合社会福祉センター内	0975-58-0300
宮崎県	880-8515	宮崎市原町2-22　県福祉総合センター内	0985-22-3145
鹿児島県	890-8517	鹿児島市鴨池新町1-7　県福祉総合センター内	099-257-5700
沖縄県	900-8558	那覇市旭町35　沖縄社会福祉センター内	098-867-1441

都道府県・政令指定都市教育委員会一覧

都道府県政令指定都市教育委員会	郵便番号	所在地	電話番号
北海道	060-8544	札幌市中央区北3条西7丁目	011-231-4111
札幌市	060-0061	札幌市中央区南1条西14丁目	011-214-4512
青森県	030-8540	青森市新町2-3-1	0177-22-1111
岩手県	020-8570	盛岡市内丸10-1	019-651-3111
宮城県	980-8423	仙台市青葉区本町3-8-1	022-211-3614
仙台市	980-8671	仙台市青葉区二日町1-1	022-214-8856
秋田県	010-8580	秋田市山王3-1-1	0188-60-5113
山形県	990-8570	山形市松波2-8-1	0236-30-2914
福島県	960-8688	福島市杉妻町2-16	0245-21-1111
茨城県	310-8588	水戸市笠原町978-6	029-301-1111
栃木県	320-8501	宇都宮市塙田1-1-20	028-623-3360
群馬県	371-8570	前橋市大手町1-1-1	027-223-1111
埼玉県	336-8501	さいたま市高砂3-15-1	048-830-6714
千葉県	260-8662	千葉市中央区市場町1-1	043-223-4015
千葉市	260-8730	千葉市中央区問屋町1-35　千葉ポートサイドタワー11、12階	043-245-5902
東京都	163-8001	新宿区西新宿2-8-1	03-5320-6733
神奈川県	231-8509	横浜市中区日本大通33	045-210-1111
横浜市	231-0017	横浜市中区港町1-1	045-671-2121
川崎市	210-0004	川崎市川崎区宮本町6	044-200-2111
新潟県	950-8570	新潟市新光町4-1	025-285-5511
富山県	930-8501	富山市新総曲輪1-7	0764-31-4111
石川県	920-8575	金沢市広坂2-1-1	076-261-1111
福井県	910-8580	福井市大手3-17-1	0776-21-1111
山梨県	400-8504	甲府市丸の内1-6-1	0552-37-1111
長野県	380-8570	長野市大字南長野字幅下692-2	026-232-0111
岐阜県	500-8570	岐阜市藪田南2-1-1	058-272-1111
静岡県	420-8601	静岡市追手町9-6	054-221-3102
愛知県	460-8534	名古屋市中区三の丸3-1-2	052-961-2111
名古屋市	460-8508	名古屋市中区三の丸3-1-1	052-961-1111
三重県	514-8570	津市広明町13	059-224-2943
滋賀県	520-8577	大津市京町4-1-1	0775-24-1121
京都府	602-8570	京都市上京区下立つ売通新町西入藪ノ内町	075-451-8111
京都市	604-8571	京都市中京区寺町通御所上ル上本能寺前町488	075-222-3767
大阪府	540-8571	大阪市中央区大手町2丁目	06-6941-0351
大阪市	530-8201	大阪市北区中之島1-3-20	06-6208-8181
兵庫県	650-8567	神戸市中央区下山手通5-10-1	078-341-7711
神戸市	650-8570	神戸市中央区加納町6-5-1	078-331-8181
奈良県	630-8502	奈良市登大路町30番地	0742-22-1101
和歌山県	640-8585	和歌山市小松原通1-1	0734-41-3640
鳥取県	680-8570	鳥取市東町1-271	0857-26-7505
島根県	690-8502	松江市殿町1	0852-22-5419
岡山県	700-8570	岡山市内山下2-4-6	086-224-2111
広島県	730-8514	広島市中区基町9-42	082-228-2111
広島市	730-8586	広島市中区国泰寺町1-4-21	082-504-2463
山口県	753-8501	山口市滝町1-1	0839-33-4510
徳島県	770-8570	徳島市万代町1-1	0886-21-3115
香川県	760-8582	高松市番町2-1-1	0878-31-1111
愛媛県	790-8570	松山市一番町4-4-2	089-941-2111
高知県	780-0850	高知市丸の内1-7-52	0888-23-1111
福岡県	812-8577	福岡市博多区東公園7-7	092-651-1111
北九州市	803-8510	北九州市小倉北区大手町1-1	093-582-2352
福岡市	810-8621	福岡市中央区天神1-8-1	092-711-4111
佐賀県	840-8570	佐賀市城内1-1-59	0952-24-2111
長崎県	850-8570	長崎市江戸町2-13	0958-24-1111
熊本県	862-8609	熊本市水前寺6-18-1	096-383-1111
大分県	870-8503	大分市府内町3-10-1	0975-36-1111
宮崎県	880-8502	宮崎市橘通東1-9-10	0985-24-1111
鹿児島県	890-8577	鹿児島市鴻池新町10-1	099-286-2111
沖縄県	900-8571	那覇市泉崎1-2-2	098-866-2705

文　　献
岡佐智子(編)　2000　教諭必須介護等体験ノート　相川書房
厚生省(監修)　2000　平成12年度版厚生白書－新しい高齢者像を求めて－　ぎょうせい

推薦図書
社会福祉法人全国社会福祉協議会　2001　新・よくわかる社会福祉施設
　　　社会福祉法人全国社会福祉協議会

索　引

あ行

ICIDH　6, 7
ICF　6, 7
アクセシビリティ　14
アジア太平洋障害者の10年　13
アセスメント　24
アルコール依存症　106
アルツハイマー病　115
哀れみ,同情　12
意思能力　111
移乗　55
異常緊張　51
依存　107
1号被保険者　65
一斉指導　40
遺伝性難聴　38
衣服の着脱　56
医療関連行為　115
医療施設調査　102
インクルージョン　25
ウェクスラー式知能検査　45
ウォーカー　55
うつ病　106
運動中枢　51
援護施設　96
エンゼルプラン　68
エンパワーメント　99
大型入所施設　12
オプタコン　31

か行

介護　2
介護支援専門員（ケアマネジャー）　64, 125
介護等体験　3
介護認定審査会　64
介護福祉士　16, 124
介護放棄　111
介護保険制度　64
介護保険法　63
介護老人保健施設　111
介助　2
学習指導要領　24
覚醒のリズム　54
拡大教科書　30
拡大教材　30
拡大読書器　30
片まひ　51
学校教育法第74条　46
活動の制限　20
仮面うつ病　106
感音系　37
感音性難聴　37
感覚まひ　51
環境の把握　24
感光器　31
看護師　16
患者調査　102
間接生活介助　115
完全参加　14
感染症　8
きこえない世界　42
器質性精神病　105, 107
義肢装具士　16, 127
寄宿舎　30
機能　45
機能訓練関連行為　115
虐待　111
急性期疾患中心　113
教育基本法　20
教育相談　40
教科指導　53
教科の遅れの補充　21
教科の指導　54
胸髄・腰髄損傷　52
矯正視力　22
京都盲唖院　20
くも膜下出血　116
クラッチ　55
グループホーム　14, 97, 98
車椅子　55
頸髄損傷　52
軽度障害児　21
軽度知的障害　46
契約　111
健康状態　7
健康の保持　24
言語聴覚士　127
幻視　106
幻聴　106
構音障害　55
合科　24
光学的矯正処理　27
高機能自閉症　25
合計特殊出生率　61
更生施設　96
交通事故　8
後天的障害　28
高等部（専攻科）　40
高齢化　60
高齢化社会　60
高齢化社会対策基本法　63
高齢社会　60
高齢者人口　60
高齢者保健福祉推進10か年戦略　66
ゴールドプラン　63
ゴールドプラン21　63
呼吸管理　54
国際障害分類　6
国際障害分類改訂版　7
国連・子ども権利条約　13
国連アジア太平洋経済社会委員会（ESCAP）　13
国連障害者年　13, 70
国連障害者の10年　13
国連の障害者の権利宣言　5
個人の尊厳　3
個性　3
国家資格　123, 124
骨折　52
個別指導　40
個別指導計画　24
鼓膜損傷　37
コミュニケーション　24
コミュニケーション・ボード　55
コミュニケーションの多様性　3
コロニー　14

コロニー政策　14

さ行

サーモフォーム　31
坐位　51
最重度知的障害　46
在宅支援事業　96
作業学習　54
作業療法士　16, 126
差別・偏見　12
サポート・ニーズ　45
サラマンカ宣言　13, 25
残存聴力の活用　39
CCTV　32
視覚機能　27
視覚障害　27
視覚障害の原因　28
弛緩　51
色覚　27
事業独占　123
自己実現　8
自殺観念　106
四肢　50
視神経萎縮　28
姿勢保持　56
施設入所者　9
肢体　50
肢体不自由児施設　52
肢体不自由養護学校　21
疾患や外傷　5
児童指導員　123
自動文書朗読システム　33
指導目標の設定　24
視能訓練士　127
自閉症児施設　95
視野　27
社会生活　5
社会的適応性　22
社会的不利　6
社会福祉協議会　17
社会福祉士　16, 123
弱視　27
弱視レンズ　30, 32
就学義務制　20
就学区分　27
就学指導のあり方　25
就学選択の機会　26
就学相談　48
就学の場　21
就学の猶予・免除　20, 46
周産期（出生時）のトラブル
　　8

重症心身障害児施設　95
重症心身障害者　14
重度・重複化　53
重度化　29
重度知的障害　46
重度知的障害児収容施設
　　95
授産施設　96
手指法　40
出産時低体重　51
出生時の損傷　8
手話　40
障害　5
障害者基本法　5, 15
障害者に関する新長期計画
　　14
障害者に関する世界行動計画
　　7, 13
障害者に関する長期計画
　　14
障害者の権利宣言　13
障害者白書　70
障害者プラン　14, 70, 99
障害特性　17
障害の重度・重複化　25
障害の重度化　10
障害の状態を改善・克服するた
　　めの指導　21
障害の予防　13
障害をもつアメリカ人法
　　13
障害を持つ人々の機会均等化
　　に関する基準規則　7
小学部　40
上肢　50
少子化　60
少子化社会対策基本法　63
少子高齢化　3
少子高齢化社会　62
ショートスティ　64
じょくそう　51
助産師　16
触覚教材　30
シリコンレバー　31
自立活動　21, 24, 40
自立活動教員免許状　25
視力　27
心因性精神病　105
新エンゼルプラン　68
神経・筋肉の疾患　50
進行性筋ジストロフィー症
　　52

人工内耳　39
新ゴールドプラン　63
新生児仮死　51
新生児重症黄疸　51
身体依存　107
身体障害者の高齢化　10
身体障害者福祉法　14
身体の動き　24
新寝たきり老人ゼロ作戦
　　67
心理的な安定　24
進路支援　48
髄膜炎　51
睡眠障害　107
生活支援事業　99
生活支援ワーカー　99
生活指導員　123
生活単元学習　47, 54
生活の質（QOL）　8, 72
生活療法　106
精神障害者　10, 102, 107
精神障害者社会復帰施設
　　102, 103
精神障害者住宅介護等事業
　　（ホームヘルプ）　104
精神障害者住宅生活支援事業
　　104
精神障害者授産施設　103
精神障害者生活訓練施設
　　103
精神障害者地域生活センター
　　103
精神障害者福祉工場　103
精神衰弱　44
精神遅滞　44
精神的依存　107
精神薄弱児（者）調査　46
精神分裂病　105, 107
精神保健及び精神障害者福祉
　　に関する法律　104
精神保健福祉士　124
精神保健福祉法　103
精神保健法　103
精神療法　106
生存権　14
成年後見制度　100
世界保健機構（WHO）　6
脊椎　50
脊椎障害　7
脊椎神経　51
脊椎の疾患　50
前期高齢者　67

戦傷障害者　14
先天性風疹症候群　37
先天的な原因　8
全人間的復権　7
躁うつ病　105
総合的な学習の時間　24, 40, 54
躁病　106
措置　111
空文字　43

た行
体温調節　54
耐性　106
脱施設化　12, 102
多様な価値観　3
短期入所事業　96
短期入所生活介護事業者　111
短期療育事業　96
地域精神医療　102
地域福祉　12
地域福祉権利擁護事業　100
地域療育等支援事業　99
地域療育等支援事業計画　99
知的機能　45
知的障害　44
知的障害児施設　95
知的障害者福祉工場　100
知的障害養護学校　21
知能検査　45
知能指数　45
痴呆　45, 115
注意欠陥/多動性障害(ADHD)　25
中学部　40
中間施設　108
中毒性疾患　8
中毒性精神病　105
中途失聴者　39
中度知的障害　46
聴覚・言語障害　9
聴覚口語法　40
聴覚障害　37
長期活用型の指導　24
長期入院患者　102
超高齢　61
超高齢社会　61
重複化　29
重複障害児　42
聴力レベル　22, 38

直接生活介助　115
対まひ　51
通院介護事業者　111
通院患者リハビリテーション　103
通級による指導　21
通勤寮　97, 99
通所介護事業者　111
筑波技術短期大学　42
デイサービス　64, 100
低身長　52
適応行動　45
適応スキル　44, 45
伝音系　37
伝音性難聴　37
てんかん発作　28
点字　22, 30
点字器　31
点字タイプライター　31
点字板　31
点字版教科書　30
点字プリンタ　33
電動車椅子　55
統合　24
統合失調症　105, 106
特殊学級　21
特殊教育諸学校　21
特定疾患　65
特別支援教育　25
特別なニーズ教育　25
特別養護老人ホーム　64, 111, 112

な行
内因性精神病　105
内部障害　9
難聴　37
難聴特殊学級　38
難聴幼児通園施設　40
21世紀ビジョン　63
日常生活　5
日常生活動作(ADL)　8, 55, 115
日内変動　106
二分脊椎症　51
日本国憲法　20
入所施設　46
妊娠中毒症　51
年齢別出生率　61
脳血管障害　115, 116
脳血管性痴呆　116
脳血栓　51

脳梗塞　51, 116
脳性まひ　51
脳内出血　51, 116
脳の疾患　50
能力障害　6
ノーマライゼーション　10, 12, 98
ノーマライゼーション7か年戦略　14
ノーマライゼーションの理念　70

は行
徘徊　115
排泄のコントロール　50
廃用性症候群　116
白内障　29
発汗障害　52
発語器官の機能　55
発声・発語指導　42
バリアフリー　71
バンク・ミケセン　12
判定　64
PSW(Psychiatric Social Worker)　124
ビネー式知能検査　45
病弱養護学校　21
病床数　102
貧窮障害者　14
福祉ニーズ　3, 17
不潔行為　115
不随意運動　51
プライバシー　17
プランニング　24
平均在院日数　102
米国精神遅滞学会　44
ヘルパー　64
ホウ・レン・ソウ　17
訪問介護　64
訪問教育　47
ホームヘルプ　64
北欧諸国　12
保健師　16
保健福祉圏域　99
保有する感覚　55

ま行
慢性疾患者　113
慢性中耳炎　37
未熟児網膜症　29
耳掛け型補聴器　39
名称独占　124

盲　27
盲学校　21
盲学校免許状　25
妄想　106
網膜色素変性症　29
文字サイズ　31
問題行動　46, 115
問題行動関連介助　115

や行

薬物療法　106
ヤング・オールド作戦　67
有料老人ホーム　111, 113
指文字　40
要介護　64
要介護1　65
要介護2　65
要介護3　65
要介護4　65
要介護5　65
要介護状態　115
養護学校義務制　46
養護学校の設置義務　46
養護学校免許状　25
養護老人ホーム　111, 112
幼稚部　40

ら行

理学療法士　16, 126
リズム障害　55
立位　51
立体コピー　31
療養　23
療養型病床群　64

レーズライター　31
レスパイトサービス　99
聾　37
聾学校　21, 37
聾学校免許状　25
聾者スポーツ　43
老人短期入所施設　111, 113
老人デイサービスセンター　111, 114
老人福祉法　111
老人保健施設　113
労働災害　8
老齢人口　60

わ行

彎曲　52

執筆者　50音順　(アンダーラインは編著者)

荒川裕子（あらかわ　ゆうこ）……………………………………………第Ⅲ部第2章
　日本社会福祉事業大学大学院社会福祉学研究科博士課程在学中
　　専攻：児童福祉学　修士(家政学)

岡田節子（おかだ　せつこ）………………………………………………第Ⅲ部第3章
　韓国又松大学医療社会福祉学科教授
　　専攻：リハビリテーション学　博士(保健学)

香川スミ子（かがわ　すみこ）……………………………………………第Ⅱ部第2章
　浦和大学総合福祉学部総合福祉学科教授
　　専攻：障害者福祉学(視覚障害)　博士(工学)

<u>齋藤友介</u>（さいとう　ゆうすけ）…………………………………第Ⅰ部，第Ⅱ部第1章
　大東文化大学文学部教育学科助教授
　　専攻：障害児心理学　博士(教育学)

坂野純子（さかの　じゅんこ）……………………………………………第Ⅲ部第5章
　岡山県立大学保健福祉学部保健福祉学科専任講師
　　専攻：保健社会学(精神保健福祉)　博士(保健学)

島田千穂（しまだ　ちほ）…………………………………………………第Ⅲ部第6章
　社会福祉法人小茂根の郷教育担当
　　専攻：保健福祉学(地域ケア論)　博士(保健学)

古田弘子（ふるた　ひろこ）………………………………………………第Ⅱ部第3章
　熊本大学教育学部障害児教育学科助教授
　　専攻：障害児教育学　博士(心身障害学)

<u>中嶋和夫</u>（なかじま　かずお）……………………………………第Ⅲ部第1章，付録2節
　岡山県立大学保健福祉学部保健福祉学科教授
　　専攻：保健福祉学　博士(医学)

松浦孝明（まつうら　たかあき）…………………………………………第Ⅱ部第5章
　筑波大学附属桐が丘養護学校教諭
　　専攻：体育学(特殊体育学)　体育学修士

矢嶋裕樹（やじま　ゆうき）……………………………………………付録1.3.4.5.節
　岡山大学大学院医歯学総合研究科博士課程在学中
　　専攻：保健福祉学　修士(保健福祉学)

渡辺勧持（わたなべ　かんじ）……………………………第Ⅱ部第4章，第Ⅲ部第4章
　岡山県立大学保健福祉学部保健福祉学科教授
　　専攻：障害者福祉学(知的障害)　博士(心身障害学)

チャレンジ 介護等体験
共生時代における障害理解のエッセンス

| 2002年 5月20日 | 初版第1刷発行 | 定価はカヴァーに |
| 2007年 3月20日 | 初版第5刷発行 | 表示してあります |

　　　　　　編著者　齋藤友介
　　　　　　　　　　坂野純子
　　　　　　　　　　松浦孝明
　　　　　　　　　　中嶋和夫
　　　　　　発行者　中西健夫
　　　　　　発行所　株式会社ナカニシヤ出版
　　　　　　〒606-8161 京都市左京区一乗寺木ノ本町15番地
　　　　　　　Telephone 075-723-0111
　　　　　　　Facsimile 075-723-0095
　　　　　　　郵便振替 01030-0-13128
　　　　　　　URL　　http://www.nakanishiya.co.jp/
　　　　　　　e-mail　iihon-ippai@nakanishiya.co.jp

印刷・製本　ファインワークス／装幀　白沢　正
Copyright © 2002 by Y.Saito, J.Sakano, T.Matsuura, & K. Nakajima.
Printed in Japan
ISBN978-4-88848-688-0 C3011